미래를 어떻게 읽을 것인가

처음 읽는 미래학 팟캐스트

미래를 어떻게 읽을 것인가

앤드류 메이나드 지음 | 권보라 옮김

FUTURE
RISING

추천사

애리조나주립대ASU, Arizona State University의 행성연구조직 Interplanetary Initiative을 위한 팟캐스트를 앤드류와 함께 진행해달라는 요청을 받았을 때, 내 세상과 앤드류의 세상이 충돌했다. 애리조나주립대는 미래에 대한 재해석과 쉬운 교육 접근성을 학생들의 진로 개척을 돕는 첫 단계로 보는데, 이러한 교육기관이 지닌 가능성에 우리는 둘 다 몹시도 흥분했다.

팟캐스트 인터뷰를 녹음하는 동안 공상과학에서 물리학, 철학에 이르기까지 다양한 관점을 제시하는 앤드류의 질문을 듣고 나는 깊은 인상을 받았다. 그리고 이러한 관점은 이 책에 그대로 녹아있다.

이 책의 구조 역시 재미를 더하는 요소다. 짧지만 흥미로운 60편의 글을 통해 앤드류는 우리가 가야 할 길을 제시한다. 빛에서 움직임으로, 상상력에서 호기심으로, 가능성에서 희망으로 가는, 가볼 만한 가치가 있는 여정이다. 각 주제는 우리 주변 세계를 새로운 방식으로 생각해보게 한다.

이 책은 1968년에 촬영되어 우리 세대에 지대한 영향을 끼친 '지구돋이Earthrise'(최초의 유인 달탐사 우주선 아폴로 8호의 비행 중 우주비행사 윌리엄 앤더스가 찍은 지구 사진_옮긴이) 사진으로 이야기를 시작한다. 나는 우주선을 타고 두 차례 우주를 비행한 바 있다. 국제우주정거장에서 살기도 했다. 그런 우주비행사로서 나는 거의 6개월 동안 매일 우주에서 지구를 볼 수 있는 특권을 누렸었다. 그리고 그 순간은 너무나도 놀라웠다.

우주에서 본 지구는 전혀 약해 보이지 않는다. 인간이 사라지더라도 이 암석 덩어리는 오랫동안 살아남을 것이다. 나는 2011년 일본에서 발생한 쓰나미의 여파를 보고 인간이 얼마나 연약한 존재인지 실감했다. 지상에 있는 일본인 동료들과 협력하여 보급선을 우주정거장에 정박시킨 지 불과 며칠이 지난 후였다. 홍수 관련 데이터를 수집하여 지구로 보내는 것이 승무원으로서 우리가 할 수 있는 최선이었다. 우리는 또 재해 복구 중인 일본사람들에게 희망을 전하기 위해 흰색 종이학을 접어 우주에 띄운 영상을 보냈다.

그런 관점에서 볼 때 우리는 분명 모두 같은 뿌리를 가지고 있다. 하나의 행성. 하나의 집. 우리는 모두 '지구호Spaceship Earth'의 승무원으로 소중하고 아름다운 행성에서 계속해서 살아나가는 방법을 스스로 찾아야만 한다. 경계 없이 서로에게 최고의 협력자가 되어 최고의 팀을 이루고, 이 시대에 나타나는 중요한 문제를 해결하기 위해 종합적으로 상상력을 발휘하기까지 우주에서 그 누구도 우리를 막을 수 없다.

이 책의 모든 내용은 상상력이 뒷받침한다. 상상력은 희망과 가능성이 더해지면서 우리를 처음으로 우주에 데려갔고, 우리가 당장 마주한 문제를 해결하는 핵심적인 도구가 되었다. 이 책에서는 우리 자신과 타인을 바라보는 새로운 방법, 그리고 과거와 현재, 미래에 무엇이 있을지 탐구하는 또 다른 관점을 소개한다.

앤드류의 서문을 인용하자면, 이 책을 읽는 것은 우리가 "미래를 새롭게 생각해보기 위해 일종의 리셋 버튼을 누르는 것"과 같다. 이 책을 읽은 후 가장 크게 남는 느낌은 바로 희망이다. 왜냐하면 앤드류는 모든 장에서 빛을 밝혀 우리가 미래를 향하는 길을 보여주기 때문이다.

_전 NASA 우주비행사 캐서린 콜먼(Cady Coleman)

무엇이든 가능한 세상을 내게 주신 부모님께
이 책을 바칩니다.

서문

혼란스러운 세상이다. 이 글을 쓰고 있는 지금, 인류는 미래가 불투명한 세계적 팬데믹과 씨름하고 있고, 난민들은 최소한의 인간다운 대우도 받지 못한 채 더 나은 미래를 만들고자 고군분투하고 있다. 또한 포퓰리즘과 민족주의의 물결이 거세지면서 비인간성이라는 또 다른 유형의 전염병이 퍼지고 있고, 세계 곳곳에는 다른 이들의 편협함으로 인해 자신이 바라는 미래를 외면당하는 사람들이 있다. 심지어 눈앞의 이익을 좇느라 장기적인 지속가능성을 희생하면서 기후변화라는 재앙이 서서히 나타나기 시작했다.

미래를 위한다면 이러한 현재 상황은 그다지 좋은 그림이 아니다. 하지만 메마른 가지에도 꽃은 핀다고 하지 않던가. 원하는 미래를 상상하고 건설하는 인간의 조직적인 능력은 그 어느 때보다 강력하다. 과학과 기술의 발전으로 우리는 생물학을 정복하고, 생각하는 기계를 만들고, 난치병을 치료하는 지점까지 와있다. 우리가 사람과 사회를 이해할수록 더 공평하고 정의로운 미래를 향한 길이 밝아진다. 그리고 우리 삶의 터전인 지구라는 행성이 가진 자원 내에서 지속가능하게 살아가는 훨씬 더 효과적인 방법을 찾기 시작한다.

그렇지 않고 인간과 미래 사이의 관계, 인간이 미래에 가지고 있는 책임을 뼛속 깊이 이해하지 못한다면 우리가 충분히 할 수 있는 일을 해내지 못할지도 모른다. 인간이라는 종은 스스로 미래를 설계하는 재능 있는 건축가와 같다. 하지만 일을 잘해내려면 어디로 가고 있는지, 그리고 왔던 곳보다 더 나은 곳을 만들기 위해 어떤 방법이 필요한지 파악해야 한다. 이것이 우리 모두가 마주한 책임이다. 우리는 각자 과거와 미래를 연결하는 실을 찾아 인류의 앞날을 큰 그림으로 엮어내는 방법을 배워야 한다.

이는 굉장히 어려운 일이다. 우리는 매일 얽히고설킨 뉴스와 논평, 의견의 홍수 속에 정보의 폭격을 받으며 혼란스러워지곤 한다. 가끔은 일부러 시간을 내서 평화로운 장소를 찾아 미래를 의미 있게 그려나갈 필요가 있다.

하지만 이렇게 평화로운 곳을 찾기란 쉽지 않다. 우리는 미래에 집착하고 미래에 제압당한다. 열심히 새로운 소식을 빨아들이고 다음에 일어날 일을 예측한다. 최신 트렌드를 따라잡기 위해 SNS에 몰두한다. 어떤 행동이 미래를 파괴하는지, 기술이 어떻게 미래를 변화시키는지, 어떤 비뚤어진 생각이 미래를 망가트리는지, 그리고 이 과정에서 우리의 지능이 어떻게 작용하는지를 알려주는 미래 관련 도서를 계속해서 소비한다. 어떤 미래가 펼쳐질지 상상해 밑그림을 그리고 색칠을 할 수 있게 하는 공상과학 이야기도 끊임없이 만들어낸다.

그럼에도 불구하고 미래가 무엇이고 어디에서 왔는지, 왜 미래가 삶에 이토록 필수적인지, 그리고 우리가 가져야 할 책임은 무엇인지 생각하며 보내는 시간은 거의 없다.

나는 일종의 리셋 버튼을 누르기 위해 여러 편의 짧은 글을 쓰기로 했다. 의견을 전달하기 충분할 정도의 분량이면서 사족 취급을 받지 않을 정도로 짧은 글을 쓰는 것이 목표였다. 이를 통해 미래가 무엇이고 왜 중요한지와 우리가 더불어 살아가면서 다함께 미래를 그려나가는 방법을 알려주는 여행으로 초대할 것이다.

모든 그림이 그렇듯 이 이야기도 완벽하지는 않다. 자세히 보면 섬세한 디테일을 기대한 곳에 넓은 붓으로 대충 칠한 곳이 있고, 깊은 통찰력을 기대한 곳에는 뜬금없는 구멍이 있다. 그러나 한 발 물러서서 바라보면 미래와 우리의 관계, 그리고 우리가 가져야 할 책임에 새로운 빛을 비추는 독특한 초상화가 한 폭 나타난다.

지금 우리가 혼란을 겪더라도 모두가 이루어내고자 하는 방향을 향해 노력한다면 기대보다 더 나은 미래를 상상해보아도 좋지 않을까.

차례

4장

내일의
문턱

과거로의
여행

"있는 그대로의 세계뿐 아니라 앞으로 다가올 세계를 고려
하지 않으면 더는 현명한 결정을 내릴 수 없다."

_이삭 아시모프(Isaac Asimov)

1

지구돋이

1968년 12월 24일, 윌리엄 앤더스_{William Anders}는 지난 100년 역사에 가장 영향력 있는 사진 중 하나를 촬영했다. 이 사진은 달의 궤도를 도는 아폴로 8호 임무 중 찍은 것으로, 황량한 달 풍경 위 우주에 뜬 지구의 모습을 선명하게 보여주었다.

앤더스가 촬영한 이 사진은 한 치 앞밖에 내다보지 못하는 소비 지상주의와 탐욕으로 병들고 파괴될 위험에 처한 우리 행성이 무척이나 아름답고 소중하다는 것을 깨닫게 해주었다. 그리고 점점 커지는 위협으로부터 미래를 보호하고 보존해야 한다는 울림을 주었다.

앤더스의 사진이 공개된 이후 수십 년 동안 지구는 물론 인간의 미래까지 착취하는 우리 능력은 더 발전하기만 했다. 여전히 가난과 굶주림, 열악한 환경에서 살아가는 사람이 많은 가운데 지구의 인구는 80억에 육박했고, 우리는 그 어느 때보다 빠르게 지구를 오염시키고 갉아먹는다. 인간이 활동하면서 생기는 기후변화는 우리가 직면한 가장 큰 문제 중 하나다. 또한 생물다양성 감소에서 해양 산성화에 이르기까지 우리가 사는 세계를 안정적으로 유지하기 위해 필요한 환경적 경계를 넘어서기 시작했다. 미래 따위는 안중에도 없는 이런 상황은 파괴적인 역할을 할지도 모르는 강력한 신기술을 향한 관심이 커지면서 더욱 악화될 뿐이다.

그러나 암울해 보이는 미래에도 희망의 불씨는 존재한다. 앤더스가 1968년에 사진을 촬영한 이후 우리는 과학과 기술이 유익한 방향으로 엄청난 발전을 이루는 것을 지켜보았다. 그리고 결과적으로 그 어느 때보다 건강하게 장수하는 사람들이 많아졌다. 과거에는 치료가 불가능하던 질병도 이제는 관리하고 치료할 수 있다. 디지털 혁명과 인터넷 덕분에 많은 사람이 정보와 지식을 얻었고 그로부터 생기는 힘을 손에 쥐게 되었다. 유전자 편집부터 인공지능까지 새롭게 나타나는 기술은 공상과학 소설에서나 보던 장면을 현실로 가져온다. 그리고 이러한 발전을 통해 우리가 어떻게 행동해야 하고 미래 세대에 어떠한 책임을 져야 하는지에 대한 사회적 규범이 함께 발전한다.

그 어느 때보다도 지금 우리는 미래를 통제할 수 있는 위치에 있다. 개인적으로도 그렇고 공동체의 입장에서도 그렇다. 그러나 미래를 설계하고 구현할 때는 커다란 책임감이 따른다. 어떤 미래를 만들고 싶은지, 그리고 재앙이 될지도 모르는 실수를 어떻게 피해야 하는지 고민해야 한다.

1968년 앤더스가 촬영한 사진을 통해 우리는 새로운 방법으로 미래를 그려나가기 시작했다. 이 사진은 우리 고향 행성의 장엄함을 보여주었을 뿐 아니라, 미래를 소중한 하나의 '객체'로 여기고 우리가 원하는 모습, 즉 생기 넘치는 미래를 다음 세대에 흔쾌히 물려주는 것을 목표로 삼게 했다. 현재만 바라보지 않고 우리가 직접 그리고 만들어나가는 미래에 집중할 수 있는 힘을 가지도록 한다는 의미이다. 그러나 미래를 생각하는 방식을 진정으로 변화시키기 위해서는 과거와 미래의 구분이 우주에 잠깐 반짝인 불꽃에 불과했던 수십억 년 전의 과거로 여행을 떠나야 한다.

2

기원

약 138억 년 전, 우리가 알고 있는 우주가 탄생했다. 그전에는 미래도, 현재도, 과거도 없었다. 그저 우리가 지금 경험하는 시간과 공간의 차원 밖, 아주 작은 잠재력이 존재할 뿐이었다.

'빅뱅'이라 부르는 사건이 일어나기 전에는 시간이 존재하지 않았다. 방금 일어난 일인지, 다음에 일어날 일인지 전혀 인지하지 못했다. 댐이 무너지면 물이 거침없이 흘러넘치는 것처럼, 우리가 미래라고 생각하는 것은 우주가 존재하기 시작하면서 쏟아져 나왔다.

우주가 탄생하기 직전에 존재했던 압축된 시공간이라는 개념을 인간이 완벽하게 이해하기란 거의 불가능하다. 그런데도 과학자들은 지난 100년 동안 우주 초기의 순간을 가히 놀랄 만큼 훌륭하게 재구성했다. 그 결과로 우리는 이제 '과거'와 '미래'가 빅뱅 이후 나타난 물리법칙의 부산물일 뿐이라는 것을 안다. 우리가 당연하게 받아들이고 있는 이 법칙에는 원자보다 작은 입자의 행동부터 가장 큰 은하의 움직임까지 포함된다.

정체를 알 수 없는 우주먼지가 빅뱅을 일으키지 않았다면 우리에게 미래가 없었을지 모른다는 생각은 꽤 충격적이다. 과학자들은 138억 년 전에 시간과 공간을 탄생시키고 미래를 만들어낸 그 사건을 계속해서 연구하고 있다. 우주가 뿜어져 나오던 그 순간, 과거에서 미래로의 흐름 속에 갇혀 시간과 공간이 없는 삶은 상상조차 하지 못하는 우리와 같은 생명체가 탄생했다.

물론 지금은 시간이라는 차원 밖을 상상하는 것이 불가능하지는 않다. 어쩌면 인간을 정의하는 본질은 빅뱅의 물리학과는 아무 상관도 없는 영혼일지도 모른다. 아니면 일상적인 삶의 한계를 초월한 신적인 존재가 우리 삶을 인도하고 있을지도 모른다.

이런 생각은 흥미롭지만, 안타깝게도 우리가 알고 있는 우주에서는 공간과 시간을 초월하는 차원의 평면은 존재하지 않는다. 우리 존재의 1그램까지도 과거에서 미래로의 저항할 수 없는 흐름 속에 갇힌 것이다. 만물의 시작이 된 대격변과 같은 사건으로 인해 모든 것은 현재라는 단단한 매듭으로 묶인 과거와 미래를 지니게 되었다.

우리가 마음대로 시간을 넘나들지 못한다는 사실은 실망스러울지도 모르겠다. 하지만 한쪽 방향으로만 거세게 흐르며 우리를 휩쓸고 지나가는 이 시공간의 강을 더 많이 이해할수록 그저 운명이 건네주는 대로 받는 것이 아니라 미래를 원하는 방향으로 다가가게 할 수 있다. 우리가 어디로 가고 있는지 볼 수 있다면 말이다.

3

빛

빛은 어떤 형태로 존재하든 우리 삶에 가장 기본적인 부분이다. 그래서 오히려 우리는 그 고마움을 잊고 살기도 한다. 태양의 빛은 지구에서 오랜 시간 진행된 지질학적 진화부터 날씨, 생명체가 의존하는 에너지, 궁극적으로는 생명 그 자체에 이르기까지 지구에 모든 동력을 제공한다. 빛은 수십억 년 동안 우리의 행성과 진화의 역사를 다방면으로 인도했다. 그리고 계속해서 우리의 미래를 밝혀준다.

어두운 방에 들어가 전등 스위치를 켜면 보이지 않던 것이 즉시 보인다. 그리고 이를 통해 여러 가지 미래가 나타난다. 튀어나온 가구 모서리에 발가락이 부딪치는 일을 피하는 것과 같은 평범한 일부터, 무언가를 봄으로써 얻게 되는 깨달음같이 말 그대로 심오한 것일 수도 있다.

빛은 우리가 있는 곳과 우리가 향하는 곳 사이에 놓인 길을 보여준다. 우리 주변의 세상을 밝히면서 새로운 지식을 개발할 수 있도록 해주고, 원인과 결과 사이 관계를 관찰함으로써 과거가 미래에 어떤 영향을 미치는지 탐구하도록 한다. 심지어 학자들이 글을 쓰는 데 빛을 비추고, 학생들이 그 글을 읽고 배우게 한다. 컴퓨터 화면의 빛도 같은 역할을 한다. 또한 빛은 우리가 미래를 '내다보는 것' 혹은 '상상하는 것'을 이야기할 때 앞으로 무슨 일이 일어날지 예측하게 한다. 그러나 인간이 우주의 지도 위에 자리를 잡기 전에도 빛은 과거와 미래 사이에서 중재자의 역할을 수행하고 있었다.

빅뱅의 초기 소용돌이가 우리에게 익숙한 보통의 상태에 가까워지면서 우주는 마치 우주를 구성하는 블록과 블록을 붙이는 접착제의 홍수와 같은 상황을 겪었다. 우리 인간은 아마도 불, 전구, 컴퓨터 화면, 그리고 태양에서 방출되는 광자로 나타나는 가시광선 입자에 가장 익숙할 것이다. 하지만 이들은 과학자가 생각하는 '빛'의 스펙트럼에서 작은 조각일 뿐이다. 이 스펙트럼은 강렬하고 파괴적인 감마선부터, 길고 느긋한 라디오 파장까지 포함하며

1장 과거로의 여행

가시광선은 그사이 어딘가 아주 좁은 범위이다.

이러한 모든 형태의 빛은 과거와 미래를 연결한다. 이것은 아인슈타인의 상대성 이론에서 가장 유명한 부분으로, 당신이 어디에서 무엇을 하든 진공 속에서 빛의 속도는 동일하게 유지된다.

빛은 유한한 속도로 움직이기 때문에 우리는 여전히 우주의 초기 순간부터 신호를 수신하고 있다. 그리고 놀랍게도 우리는 실제로 우리에게 도달하는 데 거의 140억 년이 걸린 우주 마이크로파의 형태로 빅뱅의 잔광을 감지한다. 우주의 과거에서 온 이러한 신호는 우주라는 범위에서 우리가 어디에서 왔는지 근거를 제공하고, 궁극적으로 어디를 향해 가는지 더 잘 이해하는 데 도움을 준다.

그러나 우리가 미래를 이해하는 데 훨씬 더 근본적인 빛의 특성이 있다. 하전 입자가 앞뒤로 진동하면 빛이 방출된다. 이는 송신기가 전파를 방출하는 방법이다. 또한 원자의 에너지 상태가 변할 때 음전하를 띤 전자가 빛을 방출하는 이유이기도 하다.

원자의 전자와 빛 사이의 이러한 관계는 과거와 미래 사이 시간의 흐름과 깊은 관련이 있는 것으로 밝혀졌다. 모든 진동, 모든 원자-전자 팽이의 회전에서 방출된 광파는 지나간 과거와 다가올 미래를 마치 칼처럼 잘라낸다. 빛이 없으면 과거도 미래도 없다.

그리고 과거와 미래가 없으면 빛도 없다.

실제로 우리는 진동하는 전자에서 방출된 빛의 주파수를 사용하여 시간을 측정한다. 1초는 세슘 원자가 두 에너지 궤도 사이에서 91억 9,263만 1,770회 진동하는 시간으로 정의된다. 이는 슬프게도 가시광선으로 보기에는 너무 느린 주파수이다. 그러나 고주파 라디오 수신기로는 감지할 수 있다. 이를 통해 빛은 과거가 미래로 변화하면서 시간을 유지하는 메트로놈이 된다.

그러나 빛이 초 단위로 째깍째깍 움직이면서 과거에서 미래로의 전환에 또 다른 중요한 요소를 드러낸다. 바로 움직임이다.

4

움직임

테이블 위 유리잔을 쳤을 때, 시간이 느려지는 순간이 있다. 유리잔이 단단한 바닥을 향해 천천히 떨어지는 것을 바라보면 바로 다음 순간 그것이 수천 개의 파편으로 변할 것이라는 사실을 안다. 보고 있는 순간의 미래와 상상하는 미래 사이에 끼어들 수 있을 만큼 당신의 반사신경이 빠르게 발동한다면 미래는 달라질지도 모른다.

미래를 만드는 것은 움직임이다. 우리는 계속해서 움직임의 관점에서 미래를 이야기한다. 미래를 향해 '나아가고', 미래를 바꾸는 단계를 '밟아' 미래에 생길지도 모르는 일을 방지한다. 가끔은 뜻하지 않게 미래를 향해 '속도'를 내기도 한다.

미래를 묘사하는 이러한 표현은 움직임이 과거에서 미래로의 자연스러운 전환의 일부라는 현실을 반영한다.

움직임과 미래 사이의 연관성은 떨어지는 유리잔을 보면 분명히 알 수 있다. 그것은 몇 초 전에 무엇이었다가 몇 초 후 무엇이 되는지를 나타낸다. 그러나 연관성이라는 것이 이렇게 간단한 설명으로 끝나지는 않는다.

앞서 언급했듯이 빛은 하전 입자가 움직인 결과물이다. 그 움직임은 우주의 물리학과 더욱 깊게 연관되어 있다. 입자물리학의 난해한 세계에서는 이 세상을 구성하는 모든 것, 즉 양성자, 중성자, 전자, 쿼크 등이 이들 사이를 오가는 다른 입자에 의해 고정된다. 마치 접착제처럼 모든 것을 서로 단단히 고정하는 것이다. 작은 입자들이 술래잡기를 하듯이 우주를 구성하는 모든 요소 사이로 소립자가 끊임없이 움직이면서 서로 붙는다. 그리고 움직임이 멈추는 순간 모든 것이 떨어져버린다.

우주에서 가장 큰 물체도 마찬가지다. 지구는 태양 주위를 돌고, 태양은 은하 내에서 움직인다. 그리고 태양은 무수히 많은 다른 은하 사이에서 자신만의 길을 찾아간다. 모든 것은 중력이 끌어당기는 힘으로 연결되고, 천체 사이를 오가는 중력 입자, 즉 중력자의 지배를 받는다고 과학자들은 짐작한다.

이 모든 이야기가 테이블에서 떨어지는 유리잔과 거리가 먼 것처럼 들릴지도 모른다. 하지만 과거에서 미래로의 이 지속적이고 저항할 수 없는 움직임이 아니었다면 유리잔도, 부딪침도, 추락도, 궁극적인 미래도 없었을 것이다.

전자가 진동하고 광선이 통과하고 유리잔이 낙하하는 것과 같은 움직임으로 과거는 현재로 전환되며 미래를 향해 나아간다. 하지만 움직임은 우리 모두를 감싸고 있는 무형의 시간이 존재할 때만 발생한다.

5

시간

스티븐 호킹Stephen Hawking이 1988년 발간한 『시간의 역사A Brief History of Time』는 사람들이 사놓고 절대 읽지 않는 책으로 유명하다. 불티나게 팔렸지만, 사람들은 대부분 읽기를 힘들어했다. 그럼에도 이 책은 시간이 얼마나 매력적인지, 그리고 시간이 우리 삶을 제약하면서도 어떻게 새로운 가능성을 열어주는지 알려준다.

시간은 우리 삶을 지배한다. 극소수의 예외를 제외하면 우리 대부분은 흘러가는 시간과 시간이 우리를 인도하고 영향을 미치는 방식을 피부로 느끼며 살아간다. 지구는 태양 주위를 공전하는 시간을 매일, 매년 기록한다. 우리는 주어진 시간의 리듬에 맞춰 일어나고, 일하고, 잠을 잔다. 또 과거에 시간으로 무엇을 했는지, 미래에는 시간으로 무엇을 할 것인지에 집착한다. 시간에 쫓기는 삶의 첫 장을 펼쳤다며 탄생을 축하한다. 그리고 삶의 마지막 장인 죽음을 걱정하고, 죽음 이후에 무엇이 올지도 함께 걱정한다. 더군다나 우리는 벽시계나 손목시계, 휴대전화나 노트북, 스마트워치 등 시간이 끊임없이 흐른다는 것을 상기시키는 기기들로 둘러싸여 있다.

어찌 되었건 우리는 시간의 피조물이며 시간에 몰입하고 시간에 집착하지만, 시간을 통제하지는 못한다.

우리가 상상하는 미래가 시간으로 짙게 물들어 있다는 사실은 어쩌면 당연하다. 우리는 시간을 경험하면서 미래가 어떤 모습일지 상상한다. 그와 동시에 우리와 미래 사이에는 불투명한 베일이 던져진다. 베일을 통해 미래에 일어날 일을 슬쩍 엿볼 수는 있지만, 그 시간에 도착하기 전까지 절대 경험하지는 못한다.

시간을 이용한 판타지는 공상과학 소설에서 자주 다뤄지지만, 애석하게도 현실에서는 모두에게 적용되는 초 단위 이동을 초월한 시간여행은 불가능하다.

물론 모든 규칙에는 예외가 있다. 여기에서는 빛의 속도에 가까운 속도, 또는 블랙홀과 같은 거대한 중력장이 예외로 작용하며, 이 같은 경우 시간은 더 이상 같은 속도로 흐르지 않는다. 그러나 우리 대부분은 같은 속도와 같은 방향으로 미래를 향해 걸어가고 있다.

과학이라는 것은 우리가 시간여행을 하지 못하도록 만들지만, 한편으로는 우리가 미래에 일어날 일을 흐리게나마 볼 수 있게 해준다. 시간의 족쇄를 벗어던지는 판타지와는 아무 상관이 없다. 대신 과거에 일어난 일을 바탕으로 미래에 일어날 일을 예측하는 물리학 법칙을 기반으로 한다.

이렇게 예측한 결과 중 재미있는 것은 시간이 흐름에 따라 '엔트로피'가 축적되면서 우주와 우주가 포함하는 모든 것이 천천히 고갈되는 과정에 관한 것이다.

6

엔트로피

2018년 미국 전 지역 도로의 노면 상태를 조사한 결과, 플로리다와 하와이는 좋은 성적을 받았지만 내가 살았던 미시간 주는 그렇지 못했다. 이 보고서는 미시간 주가 미국 내 포트홀pothole(도로 표면에 움푹 꺼진 곳-옮긴이)로는 두 번째라면 서러운 곳이라는 사실을 확인시켜주었다. 그리고 이 사실은 내 허리 디스크로 증명할 수 있다.

포트홀이 우주의 미래와 무슨 상관이냐고 물을지도 모르겠지만, 둘 다 우주를 관통하는 자연스러운 현상인 엔트로피와 관련이 있다.

엔트로피는 사람들이 삶과 우주를 비롯한 모든 것을 설명할 때 자주 떠올리는 개념 중 하나인데도 엔트로피를 이해하는 사람은 거의 없으며 전 세계 물리학자들은 이를 비통해하고 있다. 그렇지만 엔트로피는 우주가 과거에서 미래로 미끄러져 가면서 어떻게, 왜 그런 행동을 하는지 결정하는 데 중요한 역할을 한다.

엔트로피는 시스템에서 사용하는 에너지의 양, 즉 어떤 일을 달성하기 위해 실제로 투입되는 에너지와 관련이 있다. 엔트로피가 클수록 사용 가능한 에너지는 적다. 두 객체 사이 에너지 불균형이 있는 경우, 예를 들어 차가운 지구가 뜨거운 태양 주위를 돈다거나, 매우 뜨거운 커피잔을 쥔 차가운 손과 같은 경우, 에너지는 한 곳에서 다른 곳으로 이동한다. 불균형이 사라지면 에너지 이동이 완료된 것이다. 에너지 차이가 사라지면 물을 위로 흐르게 하려는 게 아닌 이상 에너지를 소비할 수 없다. 에너지가 사용되면 불균형은 줄어들고 엔트로피는 증가한다. 그리고 이는 포트홀이라는 증상으로 나타난다.

안타깝게도 포트홀은 도로에서 자연스럽게 나타나는 현상이다. 이는 엔트로피의 불가피한 결과물이다. 고르고 매끄럽고 튼튼하게 만드는 작업이라는 형태로 엄청난 양의 에너지가 저장된 하나의 객체가 도로라고 생각해보자. 결과적으로 그 도로 환경과 계속해서 충격을 받는 타이어 사이에서 에너지 불균형이 발생한다. 그리고 에너지 차이가 균일해지면서 매일같이 금과 틈이 발생하고 결국 포트홀이 되고 만다. 이렇게 엔트로피가 증가한다.

정기적으로 관리하지 않으면 도로는 점점 포트홀로 뒤덮여 더 이상 사용하지 못하는 수준까지 가게 될 것이다. 이 과정은 멈출 수 없는 '시간의 화살' 역할을 하는 엔트로피의 매우 현실적이면서도 명백한 예다. 그리고 이는 미래가 불가피할 뿐만 아니라 그냥 내버려두면 과거보다 더 험해질 가능성이 크다는 것을 상기시킨다.

이것은 과학자들이 우주의 종말로 가는 과정이라고 믿는 것과 같다. 전문가들은 우리가 빅뱅 이전의 특이점으로 모든 것이 수축하는 빅 크런치big crunch로 향하는지, 아니면 우주가 단순히 느려지고 멈추는 빅 프리즈big freeze로 향하는지 여전히 확신하지 못한다. 엔트로피가 증가하면 궁극적으로 우주에서 사용 가능한 모든 에너지가 한 톨도 남지 않고 소진되는 '열사heat death'로 이어질 것이라 예측하는 과학자들이 많다.

열사 상태가 되면 우주는 포트홀로 뒤덮여 더 이상 달릴 수 없는 도로와 같은 상태가 된다.

만물의 거대한 체계에서 이것은 물리학 법칙이 가리키는 미래이다. 엔트로피가 증가하여 모든 원자와 분자의 골수까지 빨아먹은 후 우주는 죽어갈 것이다. 살아있는 유기체의 복잡성을 위한 시간은 거의 남지 않은 미래가 올 것이다. 그러나 지구는 어떻게 해서든 우주 전체의 엔트로피 흐름을 뒤집어버릴 수 있는 유기체 들을 생산해냈다. 우리는 미래를 상상할 수 있고 미래를 의도적으로 바꿔버리는 생물로서 존재하게 된 것이다.

7

출현

2014년, 매사추세츠 공과대학의 물리학자 제러미 잉글랜드Jeremy England는 지구에 생명체가 출현하게 된 과정을 새롭게 설명하며 과학계를 뒤흔들었다. 그는 이를 통해 우리가 어떻게 여기까지 왔고, 왜 우리가 미래를 이해하고 변화시키는 데 집착하는지를 설명하는 새로운 길을 제시했다.

엔트로피의 부작용 중 하나는 우주가 노화되고 사용 가능한 에너지가 줄어들면서 모든 것이 점점 무질서해진다는 것이다. 아무도 청소하는 데 신경을 쓰지 않으면 점점 더 지저분해지는 부엌이나, 계속해서 관리하고 수리하는 직원이 없으면 황폐해지고 마는 도로와 같다.

물리학 법칙에 따르면 우주는 미래로 갈수록 점점 더 혼란스러워진다. 그럼에도 불구하고, 생명체는 이러한 통념에 반항하는 것처럼 보인다. 수십억 년 전, 생명이 탄생하기 전에 존재했던 원시 상태와 비교하면 현재 인간의 구조와 그 복잡성은 정교하기 이를 데 없다. 우리의 몸과 마음은 엄청나게 복잡하면서도 혼돈 속에서 질서를 만들어낼 수 있는 놀라운 힘을 가지고 있다. 사실상 우리는 미래를 정해진 방식에서 완전히 다른 것으로 바꾸는 능력을 탑재하여 현지 적응이 완료된 반-엔트로피 기계라고 할 수 있다.

하늘이 정해준 시간의 화살을 거스르는 생명체의 능력은 수십 년 동안 과학자들을 혼란스럽게 했다. 그리고 예상대로 과학자들은 이 변칙을 둘러싸고 다양한 설명을 내놓고 있다. 예를 들어, 엔트로피는 항상 증가하지만 유기체가 살아남기 유리한 행성에 나타나는 것과 같이 일부 지역에서는 일시적으로 감소하기도 한다고 과학자 대부분은 주장한다. 그럼에도 불구하고 우리가 알고 있는 생명체는 어떻게 여기까지 왔는지 설명하기도 피곤할 만큼 편안함과는 너무 멀리 떨어진 것처럼 느껴지기도 한다.

이에 반해 제레미 잉글랜드는 살아있는 유기체가 예외적인 현상이 아닌 우리가 살고 있는 우주의 한 특징일 수 있다는 설명을 제시했다. 만약 그렇다면 우리가 이해하는 삶과 지능, 그리고 미래의 개념을 근본적으로 바꿔놓을 수 있다.

제레미 잉글랜드는 우주가 열사라는 정해진 미래에 가능한 한 빨리 도달하도록 '프로그래밍'되어 있다고 주장한다. 일반적으로 이 과정이 발생하는 속도는 비교적 전통적인 물리학에 의해 제한된다. 하지만 우주의 쇠퇴를 가속화하며 우주가 도달하고자 하는 곳으로 더 빠르게 갈 수 있는 지름길이 있다면 어떨까?

제레미 잉글랜드는 생명의 출현이 이러한 지름길 중 하나라고 말한다.

살아있는 유기체는 높은 에너지를 빨아들이고 낮은 에너지인 '배설물'을 대개 열이라는 형태로 배출한다. 에너지를 더 낮은 형태로 변환하는 놀라운 능력을 가지고 있는 것이다. 식물과 동물은 이러한 방법으로 태양과 그 주변 환경에서 에너지를 받아 태워내면서 엔트로피를 가속화하는 일종의 기계가 된다. 그리고 인간은 특유의 창의성과 독창성을 바탕으로 이를 새로운 차원으로 끌어올린다.

엔트로피 가속의 규모를 우리가 이해하려면 80억 명에 육박하는 전 세계 인구가 어떻게 이 세상에 존재하는 에너지를 빼앗고 파괴한 후 흔적을 남기는지 살펴보기만 하면 된다. 그리고 총과 폭발물부터 수소폭탄에 이르기까지 혼돈을 초래하는 방법을 우후죽순 만들어내는 우리의 강력한 능력을 생각해본다면, 엔트로피 증가를 가속화하는 천재적인 지름길을 개발해낸 우주 자체에 경이로움을 표할 수밖에 없을 것이다.

제레미 잉글랜드의 아이디어는 아직 논란의 여지가 있고 입증되지 않았다. 그러나 설득력이 있다. 이 주장은 열, 에너지 평형과는 거리가 먼 물리학 체계를 설명하려고 노력한다. 그렇게 함으로써 우주의 법칙이 엔트로피의 흐름을 거스르는 것처럼 보이는 질서라는 것을 어떻게 만들어내는지를 밝혀낸다. 바로 그것이 궁극적으로 불가피한 미래를 향한 여정을 가속화하기 때문이다. 그들은 또한 생명과 인간의 지능, 진화라는 이름으로 만들어낸 혼돈을 이해하기 쉬운 형태로 만들기 시작한다.

만약 제레미 잉글랜드의 주장이 사실이라면 우리 모두는 우주의 궁극적인 운명을 향해 더 빠르게 나아가는 지름길 역할을 하고 있는지도 모른다. 하지만 이 지름길을 시작한 것은 인간이 등장하기 훨씬 전에 존재했던 초기 생명체가 아닐까?

8

진화

40억 년 전, 지구는 특별한 것 없는 은하계의 후미진 곳에서 평범한 태양 주위를 도는 불모의 행성이었다. 그런데 무언가 달라졌다.

무엇이 그 초기 일련의 사건을 촉발시켰는지 모르지만, 열사를 향해 느릿느릿 정해진 속도로 움직이던 우주에 구멍이 생겼다. 유기 분자가 형성되며 융합되고, 최초의 생명체가 나타나기 시작했을 때 과거와 미래는 인지할 수 없었다. 그러나 놀라운 여정을 위한 무대는 마련되었고, 생명체는 이전보다 조금씩 나은 곳으로 나아갔다.

우리는 이 원동력의 대부분이 자연적인 선택이었다는 사실을 이제는 안다. 초기 유기체는 모든 생명체의 일부인 DNA라는 위대한 분자를 통해 특유의 적응력을 물려받았다. 세대를 거치며 유기체는 거칠게 변화하는 환경에서 생존하고 적응하며 자손에게 성공의 유전적 비밀을 알려주었다. 환경이 변하면서 자연적인 돌연변이나 이종 교배 등 유전적 이점을 교환하고 받아들이는 여러 방법을 통해 DNA도 변했다.

DNA는 매우 강하게 엔트로피를 가속화한다는 사실이 밝혀졌다. 열이나 화학 에너지, 이온화 방사선의 힘으로 주변의 에너지를 사용하여 사용성이 떨어지는 형태의 에너지로 변환하는 데 더욱 능숙해진 성숙한 유기체로 만드는 것이 기본적으로 DNA가 작동하는 방식이다.

자연 선택과 유전적 돌연변이를 통해 DNA는 점점 더 복잡해지고 정교해지는 유기체의 청사진을 정리하기 시작했다. 그 과정은 단순하고 명쾌하다. 코드를 무작위로 수정하고, 생존 확률이 높은 특성을 가진 유기체를 자연스럽게 선택하여 번식하며, 이를 반복한다.

이 방법으로 유기체와 환경은 점점 더 질서를 찾아가고 복잡해짐에 따라 진화는 부분적으로 엔트로피의 보편적 흐름을 뒤집어 놓았다. 그러나 거시적으로 보면 사용 가능한 형태의 에너지를 그렇지 못한 에너지로 변환하는 과정을 가속화함으로써 전체 엔트로피가 증가하는 속도도 가속화된다.

　상황이 달랐다면, 이것으로 이야기가 끝났을지도 모른다. 세상은 엔트로피의 증가 속도를 가속화하기 위해 정교하게 조정되며 끊임없이 진화하지만 미래를 예측하는 능력은 내장 속의 미생물만도 못한 식물과 동물로 가득 찼을 수도 있다.

　하지만 우주에 숨겨져 있던 또 다른 속임수는 바로 미래를 예측하고 그에 따라 행동을 조정하는 능력이 있는 생명체의 출현이었다.

9

예견

2010년 파울Paul이라는 이름의 문어가 월드컵 축구 경기의 결과를 예측하는 신기한 능력으로 주목을 받았다. 독일 서부의 오버하우젠 해양생물박물관Sea Life Oberhausen에 사는 파울은 독일이 준결승에서 스페인에게 패한 것을 포함하여 독일 팀의 일곱 경기 결과를 모두 정확하게 예측했다.

파울의 예언이 맞아떨어진 것을 우연이 아니라고 보기는 어렵다. 수족관에 갇힌 두족류인 파울의 촉수에 관련 데이터가 있을 리 없고, 있다 해도 데이터를 처리할 정신력이 없었다. 그럼에도 파울의 이야기는 우리가 미래를 생각할 때 예견을 얼마나 중요하게 생각하는지, 그리고 그 예상에 결국 어떻게 반응하는지를 보여준다.

미래를 예견하는 것은 대개 고차원적인 유기체에서 볼 수 있는 현상이다. 이것은 현재 너머에 좋은 일이나 나쁜 일이 일어날 수도 있는 미래가 존재한다는 것을 인식하는 진화된 능력이다. 그리고 이는 유기체가 미래를 상상하는 능력뿐만 아니라 미래를 계획하는 기반을 마련하는 능력의 일부가 된다.

파울의 예견은 사실 축구보다는 음식에 더 관련이 있었다. 매 경기 전에 파울은 맛있는 홍합이 들어있는 투명한 상자 두 개를 받았다. 두 상자에는 각기 다른 축구팀의 깃발이 달려 있었다. 팬들은 파울을 믿었을지 모르겠지만, 그는 단지 보이는 음식을 먹는 데서 오는 미래의 만족감을 예상할 정도로만 영리했을 뿐 나머지는 순전히 운이었다.

뭐 그리 대단한 일이냐고 반문할지도 모르겠지만, 무작위로 살다가 죽던 유기체가 미래를 예측하고 행동하는 유기체로 진보를 일으킨 것은 그야말로 엄청난 일이었다. 동물이 먹이를 구하는 방식을 변화시켰고, 먹이라고 여겨졌던 것들의 행동 또한 변화시켰다. 예견하는 과정을 통해 유기체는 가까운 미래를 들여다보고 그 미래를 피할지 아니면 맞설지 결정할 수 있었기 때문에 진화론적 생존 도구의 필수적인 부분이 되었다.

이 미래지향적인 진화적 특성은 고등동물 대부분이나 꿀벌과 개미와 같이 무리생활을 하는 곤충의 공동체에서도 볼 수 있다. 그리고 물론 이것은 인간을 정의하는 특성이다. 우리는 끊임없이 미래를 예견하고 그 미래가 우리에게 어떤 영향을 미치는지 상상한다. 운전을 할 때나 일을 할 때, 운동을 할 때, 주말을 어떻게 보낼지 생각할 때, 우리는 미래를 예상하고 그에 따라 행동한다. 그것이 우리를 앞으로 나아가게 하는 원동력이다. 그리고 다른 무엇보다 우리가 스포츠에 집착하는 이유이기도 하다. 우리는 상대 선수와 겨룰 때 승패를 예측하는 데 진심을 다하기 때문이다.

파울이 실제로는 축구 경기의 결과를 예견하지 못했을지도 모른다. 하지만 그 '예언'을 믿고 받아들인 것은 결과에 대한 팬들의 기대였다. 그리고 이렇게 기대를 품는 것은 우리 모두가 생물학적으로 물려받은 '미래 감각'과 현실에 근거하지 않은 미래를 선택하게 만드는 본능 때문이기도 하다.

10

본능

위험 인식과 관련해 글을 쓰고 강연을 하며 돈을 버는 사람들에게 다음과 같은 이야기를 들어본 적이 있을 것이다. 누군가 길을 걷다가 땅 위에 길고 구불구불한 모양의 물체를 발견한다. 합리적인 생각이나 논리적 분석을 시작하기 전에 대개는 얼어붙거나, 싸우거나, 도망치는 등의 본능적인 반응을 보인다. 그리고 우리의 잠재의식이 뱀이라고 판단한 것이 사실은 그저 나뭇가지에 불과했다는 사실을 깨닫고는 머쓱해한다.

아주 오래전 초기 인간의 뇌는 뱀과 같이 우리에게 해를 끼칠지 모르는 것을 피하도록 발달했다. 자연선택 과정에 따라 뱀처럼 생긴 위험 요소를 피하는 성향을 가진 동물은 다음 세대에 자신의 유전적 성향을 물려줄 만큼 오래 생존할 수 있었고 그 과정은 반복되었다.

진화의 사다리를 올라가면서 우리는 이와 같은 고유 반응을 지켜냈다. 그리고 이러한 생물학적 본능은 우리의 잠재의식이 가까운 미래를 들여다보고 발생 가능한 잠재적 위험을 피하도록 설계된 뛰어난 생존 메커니즘이다.

우리의 본능적 행동은 복잡하면서도 미묘하다. 특정한 행동 방식을 채택하려는 생물학적 경향과 의식적으로 학습한 것을 무의식적인 행동으로 발현시키는 뇌의 능력이 유전적으로 프로그래밍 되어 조합된 결과물이다. 행동과학을 연구하는 사람들은 이것을 시스템 1, 시스템 2 사고라고 부른다. 그러나 본질적으로 본능이란 가능한 미래를 예측하고 의식적으로 생각하지 않아도 그에 따라 행동하는 인간의 타고난 능력이다.

우리는 인간이 이성적인 동물이라 생각하고 싶어 하지만 그만큼 우리는 본능에 큰 영향을 받는다. '직감대로 한다'거나 '직관을 따른다'는 데 자부심을 느끼기도 한다. 둘 다 우리에게 내장된 '미래감각'의 일부이며 시간의 모퉁이를 돌아 현재 너머를 내다볼 수 있다고 느끼게 만든다. 그리고 가끔은 우리의 무의식이 강하게 보내는 신호를 의식적인 뇌가 알아채지 못할 때가 있기 때문에 본

1장 과거로의 여행

능적인 감각에 감사해야 한다.

그러나 미래를 향해 나아갈 때는 본능이 곧 책임이 될 수도 있다. 본능은 미래가 과거와 비슷하다고 생각하며, 반복되는 일을 기반으로 예측한다. 그러나 인간은 이 생물학적 계획에 엄청난 공을 들여 진화 과정이 수용하는 속도보다 빠르게 미래를 변화시키는 능력을 개발했다.

지난 200년 동안 기술은 가히 놀랄 만한 속도로 변화했다. 증기 발전, 전기 생산, 대량생산, 합성화학물질, 컴퓨터, 인터넷, 소셜미디어, 유전자 편집, 인공지능, 우주비행, 심지어 지구 전체의 기후를 다루는 '기후 공학'까지 등장했다. 그렇게 점점 본능만 따라서는 살 수 없는 세상을 우리가 만든 것이다.

계몽운동이나 산업혁명보다 훨씬 오래전부터 존재했던 진화론적 기원을 바탕으로 한 이러한 본능은 근거 없는 말일지라도 옳다고 느껴지면 그렇게 믿도록 만든다. 감정을 기반으로 한 결정이 잘못되었다고 말하려는 것은 아니다. 하지만 증거를 믿지 않거나, 증거를 받아들이는 방식에 선입견을 강요하는 본능이라면 계획한 일을 달성하는 능력을 잃어버리게 될지도 모른다.

인간이 진화하면서 연마해온 미래감각인 본능은 오히려 우리가 만들어가는 미래에는 흐릿해지고 혼란스러워지기도 한다. 이 난제를 해결하는 방법 중 하나는 과거, 현재, 미래가 어떻게 연결되었는지 더 명확하게 이해함으로써 의식 영역을 정교하게 발달시키는 것이다. 이는 과거의 원인과 미래의 결과가 어떻게 연결되는지 선을 긋는 방법을 배우는 것을 의미한다.

11

인과성

인과성은 우주가 동작하는 방식의 기반이 된다. 빅뱅 이후 격동의 순간과 양자물리학의 난해함을 제외한다면, 미래는 대개 과거에 일어난 일에 의해 만들어진다. 과거, 현재, 미래를 연결하는 실이 아무리 복잡하더라도 과거의 행동 하나하나가 미래에 전달되어 연속해서 반응을 일으킨다.

우리는 자라면서 이것을 제법 빠르게 습득한다. 뜨거운 팬을 잡으면 데이고, 상한 고기를 먹으면 병에 걸리고, 뒤에서 하는 악담은 언젠가 나에게 돌아온다.

원인과 결과 사이를 연결하는 이러한 선은 과거에 일어난 일에 의해 미래가 만들어진다는 것을 뜻한다. 이를 이해하면 우리는 우리가 가는 방향으로 계획을 세우고 계획에 도움이 되는 아이디어를 기꺼이 시작할 수 있다. 현재 어떤 '원인' 버튼을 눌렀을 때 미래의 '결과'로 이어지는지 알아야 하겠지만 말이다.

원인과 결과 사이의 이러한 연결고리는 현대 과학과 공학을 뒷받침한다. 과학자들은 '만약에'라는 질문을 던지면서 이론과 모형을 만들어 미래를 예측할 수 있게 만든다. 뉴턴의 운동 법칙이나 아인슈타인의 상대성이론과 같은 과학이론들이 이와 같은 일을 한다.

그러나 이렇게 의식적으로 원인과 결과를 이해하고 분석하여 모델링, 이론화하는 것은 이야기의 절반에 불과하다. 나머지 절반은 우리가 이 지식을 어떻게 활용하느냐 하는 문제다. 과학과 공학을 통해 원인과 결과를 의식적으로 이해하고, 이를 바탕으로 미래를 예측할 뿐 아니라 변화를 시작할 수 있다. 증가하는 인구를 먹여 살리고 치명적인 질병을 관리하고 치료하며 수십억 명의 삶의 질을 높이는 것은 인과성을 활용하는 능력이다.

하지만 동시에 환경을 파괴시키고 사람을 학대하고 죽이는 효과적인 방법을 생각해내는 것도 바로 이 때문이다. 원인과 결과를 파헤치는 것의 결말이 반드시 긍정적이지만은 않다는 뜻이다.

인과성을 활용하는 인간의 능력은 미래를 예측하고 통제할 수

있게 만들었지만 이 능력은 훨씬 더 기본적인 것, 즉 과거에 일어
난 일을 기억하는 능력이 바탕이 되어야 한다.

12

기억

어제, 한 시간 전, 혹은 1분 전에 일어난 일조차 기억하지 못한다고 상상해보자. 우리 삶이 어디에서 왔고 어디로 가는지 전혀 이해하지 못한 채 그저 현재라는 작은 조각으로 존재할지도 모른다. 결국 미래에 대한 감각과 미래를 선택할 기회는 거의 없는 수준이 될 것이다.

1985년 영국의 음악가 클라이브 웨어링Clive Wearing이 단순헤르페스뇌염에 걸린 이후 이와 같은 상황에 처했다. 감염 때문에 해마에 보기 드문 손상을 입어 새로운 기억을 형성할 수 없게 된 것이다.

웨어링의 경우는 선행성 기억상실증의 극단적인 예다. 이전 삶에서 몇 가지는 기억할 수 있지만, 현재 기억은 단 몇 초 동안만 지속된다. 그래서 그는 과거와 미래 사이에 갇혀 항상 현재에 있으면서 절대 앞으로 나아갈 수 없는 상태가 되었다.

웨어링의 이야기는 우리가 미래를 바라볼 때, 미래를 개척하고 변화시키는 방법을 알아나갈 때 기억이 얼마나 중요한지 상기시킨다. 가까운 과거에 일어난 일을 기억하지 못한다면 관찰한 결과를 원인과 연결할 방법이 없다. 이는 곧 우리가 하는 행동이 미래에 어떤 영향을 미칠 수 있는지 이해하지 못한다는 것을 의미한다.

기억이 없는 상태에서 간단한 작업을 배운다고 생각해보자. 여기에서 배워보려는 간단한 작업은 문을 여는 방법이다.

문은 과거와 미래를 연결하는 기회이자 장벽이기도 하다. 문이 닫히면 반대편으로 갈 수 없지만, 열리면 새로운 가능성이 나타난다.

일단은 먼저 문을 열어보자.

문손잡이가 무엇인지, 어떤 역할을 하는지 전혀 개념이 없고 단기 기억력조차 없다고 상상해보자. 당신은 동그란 구조물이 튀어나와 있는 매끄러운 표면 앞에 서 있다. 전에 본 적이 있을지도 모르지만, 기억하지 못한다.

밀거나, 당기거나, 옆으로 밀거나, 돌리는 등 몇 가지를 시도해볼 수 있다. 하지만 중요한 것은 당신이 무엇을 하든 즉시 잊어버린다는 것이다. 손잡이를 돌려 문이 열리기 시작하더라도 바로 다음 순간 자신이 하고 있던 일을 기억했다면 문제를 해결했으리라는 사실조차 잊고 다른 시도를 한다.

그리고 문을 여는 데 성공하더라도 그 결과를 가져온 원인을 기억하지 못하기 때문에 다시 문을 여는 방법을 기억하지 못할 것이다.

간단한 예이지만 이렇게 작은 작업에서도 기억이 미래를 생각하고 탐색하는 데 필수 요건이라는 것을 보여준다. 기억은 과거와 현재가 앞으로 다가올 일과 어떻게 연결되어 있는지 마음속에 쌓아나갈 수 있게 만들어준다. 원하지 않는 미래는 피하고 원하는 미래를 향한 길을 계획할 수 있도록 진화한 선물과도 같은 능력이다. 기억이 없다면 우리는 통제할 수 없는 현실에 무력하게 갇혀 있을 것이다.

기억 자체는 우리가 미래를 탐색하고 설계하는 방향으로 나아가게 한다. 우리가 그리는 미래와 그 미래에 도달하는 경로를 닦아나가는 능력을 준다. 그러나 이 능력은 우리가 기억을 활용하는 데 필요한 기술과 유용한 지식으로 채우지 않는다면 아무 쓸모가 없다.

13

학습

　내가 가족과 함께 영국에서 미국으로 이주했을 때는 30대 중반이었다. 그렇기 때문에 나는 이 나라에서 흔히 보이는 식물 중 하나인 옻나무의 위험성을 전혀 모르는 상태였다. 그리고 옻나무를 피하는 지혜를 터득하기까지는 단 한 번의 고통이면 충분했다.

　학습능력은 진화가 우리에게 준 가장 혁신적인 기술 중 하나다. 사건을 기억할 뿐만 아니라 결과와 연결해 우리 행동으로 인해 어떤 일이 일어나는지 예상하는 능력은 현재와 다른 미래를 상상하고 그 미래를 만들어나가도록 해준다.

　학습은 본능을 뛰어넘어 우리를 움직이게 하고 미래를 의도한대로 만들게 해준다. 덕분에 나는 위험한 식물을 알아보고 피하는 방법을 알며 옻나무를 만지지 않는 미래를 보장받게 되었다. 더 큰 범위에서 보면 불 피우기부터 우주비행에 사용되는 최신 기술까지 지난 1만 년 동안 인류를 미래로 이끌어온 모든 발명을 탄생시킨 원동력이 바로 학습이다.

학습은 미래를 건설하는 과제에서 본능이라는 족쇄를 벗어던지고 예견과 인과성, 그리고 기억을 한데 묶는 것이다. 또한 우리가 만들어가는 미래에 색을 입힐 수 있도록 다양한 진화된 기술을 포함한다.

아마도 이 학습 기술 중 옻나무의 위험성을 가르쳐준 기술은 우리에게 가장 친숙한 기술인 시도와 실패를 통한 학습일 것이다. 어린아이가 배우는 것을 본 사람이라면 시도하고 실패하고 다시 시도하는 과정이 새로운 기술을 습득하는 데 얼마나 효과적인지 안다. 산업혁명을 촉발시킨 물, 증기, 이후에는 전기의 힘을 활용하는 다양한 방법을 시도한 발명가의 노력이 바로 이러한 형태의 학습이었다. 이것은 마이클 패러데이Michael Faraday와 같은 과학자가 전자기 유도의 힘을 이용하게 만든 것이고, 에디슨이 전구를 발명하기 위해 애쓰는 동안 에디슨의 끈기를 뒷받침해준 것이다. 그리고 이것은 '빨리 실패하고, 계속해서 실패하라'는 기업정신에 깊게 새겨 있다.

시도와 실패를 통한 학습은 과거와 다른 미래를 만들기 위해 노력하는 방법의 일환으로 우리가 생각하는 세상의 작동 방식과 실제로 세상이 작동하는 방식 사이의 격차를 줄이는 방법 중 하나이다. 상상력을 확장하는 것만이 학습의 형태는 아니다. 과거 경험을 바탕으로 미래에 어떤 일이 일어날지 예측하는 능력이 수반되어야만 효과적인 학습이 가능하다. 새로운 지식을 개발하고 적용하는 방법은 많지만 가장 기본이 되는 것이 바로 시도와 실패이다.

어떤 형태의 학습이든 제대로 효과를 내려면 단순히 새로운 지식을 개발하는 것 이상을 포함해야 한다. 학습으로 얻은 지식을 가지고 우리를 위한 미래를 만드는 데 사용해야 한다. 하지만 그보다 먼저 우리가 아는 것을 통해 변화를 만들어내려는 계획이 있어야 하며, 상상과는 다를지도 모른다는 것을 의식적으로 인지하고 있어야 한다.

14

계획

미래가 정해져 있는지, 아니면 미래를 바꿀 수 있고 설계 가능한 지에 대한 질문은 인류 역사와 늘 함께해왔다. 그리고 그 질문은 1984년에 개봉한 공상과학 영화 〈터미네이터〉를 비롯해 다양한 공상과학물을 탄생시켰다.

〈터미네이터〉 원작 영화는 초지능 로봇이 인류와 전쟁을 벌이는 미래를 배경으로 한다. 상대를 해치우기 위해 '터미네이터' 로봇을 특정 과거로 보내 인류에 저항하는 지도자를 제거한다.

시간이 뒤틀리는 공상과학 영화 줄거리가 대개 그렇듯 말이 안 될 정도로 난해한 이야기다. 하지만 다소 놀라운 이 스토리라인 안에서도 영화는 미래가 정해져 있는지, 아니면 우리가 지금 하는 행동을 통해 미래를 바꿀 수 있는지 여부와 씨름한다.

2019년 개봉한 속편 〈터미네이터: 다크 페이트〉에서 다시 강조하는 이 영화의 가장 중요한 메시지는 우리에게 미래를 바꿀 힘이 있다는 것이다. 아놀드 슈워제네거가 연기한 터미네이터가 제거하려 했던 존 코너는 이런 말을 남겼다. "미래는 정해지지 않는다. 운명은 우리가 만들어가는 것이다."

하지만 우리가 일부러 미래를 바꾸고자 결심해야만 더 나은 미래를 만들 수 있다는 점은 영화나 현실이나 마찬가지다. 우리가 원하고 꿈꾸는 미래가 나타나길 바란다면 그 계획대로 행동해야 한다.

계획은 학습과 결과를 연결하는 세포와 같다. 현재의 어떤 레버를 당겨야 미래를 다른 방향으로 이끌 수 있는지 파악하는 것과 실제로 레버를 당길 수단을 마련하는 것 사이의 연결고리이다. 또한 뉴스에서 굶주리는 사람들을 보거나 암의 위험성이라는 정보에 노출되는 것과 실제로 어떤 행동으로 옮기는 것의 차이이다. 어떻게 보면 계획은 미래가 정해져 있지 않다고 믿을 때 존재할 수 있다.

계획은 미래가 어떤 모습이기를 바라는지 이끌어내고, 우리가 원하는 미래에 더 가까이 다가가도록 하는 반응으로 이어진다. 그러나 계획한 행동은 그만큼 시간과 에너지를 투자하는 일이기 때문에 실행하기 전에 스스로를 확신할 필요가 있다. 원하는 미래를 만들 수 있고, 우리가 그 과정에 영향을 미칠 능력이 있다는 사실을 믿어야 한다. 실제적이고 구체적인 가능성이 없어 보이는 미래를 만들기 위해 자신을 희생하는 사람은 거의 없다.

하지만 우리가 원하는 미래의 모습과 그 모습에 도달하기 위한 방법이 잘못되는 바람에 고통스러운 미래가 되어버린다면 어떻게 할까? 누군가 나쁜 의도를 가지고 일부러 그렇게 한다면 또 어떻게 해야 할까?

슬프게도 다른 사람에게 고통을 주면서 자신을 위한 미래를 만드는 사람들은 항상 존재한다. 그러나 대부분은 가능한 한 많은 사람들에게 이로운 세상을 건설하려는 의지가 있다고 믿어야 한다. 진짜 문제는 우리가 함께 그린 미래가 잘못되었거나 도구를 제대로 이해하지 못하고 사용할 경우, 아무리 제대로 세운 계획이라 해도 얻는 것보다 잃는 것이 많을 수 있다.

결국 바라는 것과 얻어내는 것 사이 격차를 줄이는 것이 우리의 과제다. 우리 운명은 우리 스스로 결정한다는 것을 어떻게 확신할 수 있을까? 진화가 우리에게 준 가장 소중한 선물 중 하나인 지능이 있기 때문에 가능하다.

15

지능

    다음과 같은 상상을 해보자. 모르는 번호로 온 전화를 받았다. 어느 영업점에서 걸려온 권유 전화인데, 그들은 당신에게 세 가지 미래 비전을 제시하고 조금이나마 기부금을 내면 가장 마음에 드는 비전을 건설하는 데 투자하게 된다고 말한다.

    첫 번째 미래는 오염도 없고 질병도 없고 불행도 없이 모든 사람이 자연과 함께 조화롭게 사는 세상이다. 두 번째는 거리가 금으로 뒤덮이고 모든 사람이 백만장자가 되는 세상이다. 세 번째는 정치적 이념에 상관없이 모든 사람이 더 나은 세상을 만들기 위해 함께 힘을 모으는 세상이다. 당신은 세 가지 미래 중 하나를 선택하고 매월 1만 원을 투자하여 내가 투자한 미래가 성장하는 것을 지켜보기만 하면 된다. 미래는 아름답고, 가격도 적당한데, 하지 않을 이유가 있겠는가?

이런 불가능한 이야기를 늘어놓는 영업사원의 진짜 의도를 이해하고 사기 행각을 알아볼 정도로는 사람들이 똑똑할 것이라 믿고 싶다. 여기서 분명한 것은 이러한 통찰력이 바로 지능 덕분에 가능하다는 점이다.

지능은 아마도 진화가 우리에게 선물한 가장 중요한 속성 중 하나일 것이다. 미래에 해가 되는 일을 피하도록 도와주는 것을 포함하여 원하는 미래를 건설하기 위해 창의적으로 계획을 세울 수 있게 해준다. 지능은 우리가 미래를 계획하고, 설계하고, 가치를 부여할 수 있는 존재로 인식하도록 한다. 그리고 계획과 학습을 통해 예상치 못한 일을 가급적 줄이면서 우리가 원하는 방향으로 미래를 이끄는 데 도움이 된다.

지능은 미래를 상상하고 건설하는 데 필수 요소이지만 지능이 의미하는 바를 정확히 파악하기는 상당히 어렵다.

지능은 기억, 학습, 응용력과 함께 힘을 합쳐 문제를 해결한다. 우리 생활 가까이에 있는 많은 발명품의 이면에는 이러한 형태의 지능이 있다. 예를 들어 한 발명가가 둥근 물체는 굴러간다는 것을 기억하고, 둥근 물체 위에 무언가 올려두면 물체가 A지점에서

B지점으로 이동할 수 있다는 것을 학습할 수 있다. 이것이 곧 자전거, 기차, 자동차, 심지어 전기자전거가 된다.

이렇게 실용적으로 문제를 해결하는 형식의 지능은 현대 과학과 공학의 기반이 되었다. 이는 새로운 미래를 설계하고 구축하는 데 매우 중요한 역할을 하는 기능이다. 그러나 미래를 건설하는 데 관련이 있는 다른 종류의 지능도 있다. 음악 창작이나 기타 예술 활동으로 이어지는 지능은 숨겨져 있던 통찰력과 가능성을 발견해내기도 한다. 또한 우리가 정서적으로나 사회적으로 서로 이해하고 반응할 수 있게 해주는 지능도 있다.

우리가 지능이라고 생각하는 것은 다양한 측면이 있기 때문에 한마디로 정의할 수는 없다. 의견 차이가 생기는 이유는 개인적인 비전, 그리고 그 비전에 도달하는 방법에 따라 지능을 다르게 정의하기 때문이다. 기술이 바탕이 되는 미래를 원한다면 지능을 논리, 합리성, 과학에 기반을 둔 것으로 정의할 것이다. 만약 경제 성장이 지배하는 미래를 원한다면 지식을 권력과 이익으로 바꾸는 능력을 지능의 개념이라고 말할 수도 있다.

반면 환경적으로 지속가능한 미래, 혹은 권력이나 이익보다는 건강과 행복을 중요하게 여기는 미래를 바란다면 원하는 것을 현실로 만드는 데 도움이 되는 공감능력, 예술감각, 영감을 지능이라고 생각할 가능성이 크다.

　이러한 차이점에도 불구하고, 지능은 우리가 상상하는 것을 우리가 원하는 미래로 바꾸는 도구와 능력을 제공하는 특별한 '비법 양념'과 같은 역할을 한다. 이것은 마치 우리가 미래를 만들어가는 데 도움을 주는 변화의 엔진과 같다. 그리고 이 엔진에도 연료가 필요하다. 연료에서 가장 핵심적인 요소는 바로 학습에서 나오는 지식이다.

16

지식

1962년, 존 F. 케네디_{John F. Kennedy}는 공상과학 영화에서나 볼 수 있던 미래를 만들겠다는 말로 미국을 충격에 빠트렸다. "10년 안에 달에 가서 무언가 하겠습니다. 할 수 있어서가 아닙니다. 하기 어렵기 때문입니다." 그 비전은 7년이 지난 1969년 7월 20일 아폴로 달탐사선 이글_{Apollo Lunar Module Eagle}이 달에 착륙하고 닐 암스트롱이 "나 자신에게는 작은 한 걸음이지만, 인류에게는 위대한 한 걸음"을 내디디며 현실이 되었다.

케네디를 비롯해 아폴로 임무에 참여한 모든 사람들은 미래를 바꾸고 인류를 새로운 길로 안내하리라 확신했다. 하지만 아폴로 11호가 발사될 당시 그들이 달 위를 걸을 뿐 아니라 안전하게 지구로 돌아올 가능성이 크다는 것을 어떻게 알았을까? 한 가지 확실한 것은, 그들이 그저 '될지 안 될지 모르지만, 일단 해봅시다'라고 하지는 않았다는 점이다.

기억과 학습은 미래를 바꿀 수 있다는 것을 우리에게 보여주고, 계획은 이 가능성을 보고 우리가 행동으로 옮기도록 자극을 준다. 지금 우리가 하는 것이 무엇인지 모른다면, 도중에 무언가 엉망으로 만들 가능성이 상당히 크다.

지능은 현재와 미래 사이 경로를 이해하는 데 도움이 된다. 그러나 학습을 통해 만들어진 지식은 우리가 이 길을 안전하고 효과적으로 나아가도록 도움을 준다. 지식이 우리의 지능과 결합되면 원인과 결과를 연결하고, 이러한 연결을 사용하여 도구와 모델을 만들 수 있다. 따라서 예측할 수 없고 나쁜 결과를 가져올지 모르는 행동과 우리가 만들려는 미래를 향해 나아가는 데 도움이 되는 행동을 구분할 수 있다. 그리고 지식은 지능과 마찬가지로 다양한 형태로 존재한다.

1960년대 미국의 우주 계획의 경우 기술적 지식이 곧 성공의 척도였다. 과학자와 공학자는 사람을 달에 안전하게 보냈다가 복귀시킬 수 있는 재료, 기기, 시스템을 개발하고 테스트하기 위해 끊임없이 노력했다. 무수한 원인에 연결된 수많은 결과, 심지어 과거에 경험해본 적 없는 새로운 사건에 많은 사람들의 목숨이 달려 있었다. 깊고 탄탄한 지능과 지식은 미지의 세계로 가는 여행의 미래를 제법 정확하게 예측할 수 있게 해주었다. 미국인의 상상이 현실이 된 이러한 미래는 이후 개발되는 지식의 유형에도 지대한 영향을 미쳤다.

이 지식은 대부분 본질적으로 기술과 관련이 있지만, 전부 그렇지는 않다. 우주 프로그램이 진행되면서 우리는 개인과 공동체라는 측면에서 우리 스스로를 알게 되었다. 미래란 무엇이고 미래에서 우리의 위치는 어떠한지 새로운 사고방식을 개발했다. 다른 행성과 그 너머로 여행하는 것이 어떤 것인지, 그곳에 도달하는 데 무엇이 필요하며 그 과정에서 우리가 어떻게 변화하는지 상상하는 데 영감을 얻었다.

케네디의 1962년 연설 이후, 우주에서 인류의 존재에 대한 비전은 '안다'는 것의 다양한 형태를 포함했다. 우리가 어디에서 왔고 어디로 가는지, 그리고 우리가 이 여정을 어떻게 탐색하는지 등을 말한다. 그러나 이런 질문에 대한 답은 지식 격차를 인지하고 줄여나가는 우리의 능력에 달려있다. 이 능력을 달성하기 위해 우리 인류가 가진 더 강력한 속성 중 하나는 바로 추론이다.

17

추론

　인간이 가진 심오한 측면 중 하나는 미래를 예측하는 능력이다. 물론 미래를 내다보는 능력에는 한계가 있다. 지능과 지식의 한계와 마찬가지로 우연과 무작위성은 미지의 세계를 들여다보는 우리 능력을 방해하곤 한다. 하지만 우리는 매일 삶이 우리에게 던지는 우여곡절을 예상하고 능숙하게 헤쳐 나가기 위해 추론이라는 능력을 사용한다.

　추론은 본능이나 직관과는 달리 관찰하고, 학습하고, 지식의 격차를 인지하고, 격차를 좁히고, 과거와 현재가 어떻게 연결되는지 이해를 하는 가장 중요한 능력이다. 많은 경우 추론을 통해 미래로 뚫린 창을 보며, 다음 순간 일어날 일을 예측하고 그 일에 대비하고 심지어는 상황을 변화시킨다.

미래에 일어날 수 있는 일을 생각하고 대응하는 이러한 능력이 인간에게만 있는 것은 아니다. 자신의 미래를 추론하여 간단한 문제를 해결하는 동물들이 많다는 증거가 늘어나고 있다. 하지만 굉장히 뛰어난 인간의 추론 능력은 다른 종과 구분되는 특성이기도 하다.

추론하는 능력은 사건 사고의 가능한 결과를 상상하고 더 그럴듯한 결과에 집중하는 데 도움이 된다. 관찰, 학습, 정신 수련이 모두 지능으로 연결되어 두뇌가 미래를 예측하는 '만약에' 구문을 만들어 우리를 계속 살아있게 하고 앞으로 나아가게 한다.

추론의 힘으로 미래를 내다보는 능력은 우리 일상생활에 깊숙이 얽혀 있기 때문에 이것이 얼마나 놀라운 능력인지 미처 깨닫지 못하고 살기도 한다. 이 능력은 우리가 진화하면서 물려받은 생존 메커니즘에 뿌리를 두는데, 생존하기 위해 본능에 맞서도록 생물학적으로 개발된 능력이다. 하지만 시간이 지나면서 우리가 추론하는 능력은 원하는 미래를 상상하고 구축하는 방법을 단계별로 해결하는 지점까지 성장했다.

추론은 우주가 어떻게 작동하는지 체계적으로 학습하도록 도와주고 우주가 다음에는 무엇을 할 것인지 예측하는 데 사용한다는 점에서 현대 과학의 핵심이라고 할 수 있다. 추론은 인간이 초래한 기후변화와 같이 결과가 나타나는 데 시간이 걸리는 일이더라도 우리 행동에 결과를 연결하게 도와준다. 그리고 우리가 화성에 가거나 새로운 가상세계를 만들거나 더 나은 사회를 건설하는 등 가장 날 것 그대로의 꿈을 구체적인 현실로 만들 수 있게 한다.

추론이라는 속성이 매우 강력하긴 하지만, 항상 미래를 볼 수 있는 것은 아니다. 2 더하기 2는 항상 4이고, 태양은 언제나 동쪽에서 뜨고 서쪽에서 진다고 말하는 것이 바로 추론이기 때문이다. 미래를 예측하는 데 필요한 정보가 부족하거나, 미래로 연결된 현재의 실가닥이 너무 복잡하여 분석하기 힘들 때 우리는 어려움을 겪는다. 그리고 인간의 놀라운 특질이 모두 혼합될 때 어려움에 부딪히고, 과거와 미래가 추론만으로 연결되지는 않는다는 것이 분명해진다.

고유한
인간

"미래는 꿈이 아름답다고 믿는 자의 것이다."

_엘리너 루즈벨트(Eleanor Roosevelt)

18

감정

나에게 기쁨을 주는 것 세 가지를 생각해보자. 기억이나 장소, 사람, 재물 등 아무것이나 괜찮다. 단, 매일 아침에 일어나 세상을 마주할 가치가 있는 것이어야 한다.

각 항목은 복잡한 감정이나 정서를 불러일으킬 가능성이 크다. 인간의 지능과 추론 능력에도 불구하고 우리가 하는 일에 가치를 가져다주는 것은 감정일 때가 많다.

물론 우리가 느끼는 감정과 그 감정이 삶에 미치는 영향은 지성과 깊이 얽혀 있다. 그러나 감정은 단순한 사실과 수치를 초월하는 인간의 기본적인 속성이며, 특히나 인간이 살아가는 데 무엇을 가치 있다고 여기는지에 큰 영향을 미친다. 결과적으로 미래를 설계하고 만들 때 우리가 느끼는 감정이 생각만큼이나 중요한 역할을 한다.

지금으로부터 20년 후 보고 싶은 미래를 떠올려보자. 현재와 다른 점은 무엇인가? 어떤 새로운 능력이나 행동을 보고 싶은가?

그럼 이제 이 미래가 당신에게 어떤 기분을 느끼게 하는지 생각해보자. 흥분되거나, 열정이 샘솟거나, 기다리기 힘들 정도로 설레는 기분인가? 그렇다면 이 미래를 달성하지 못했을 때, 특히 누군가 적극적으로 이 미래를 방해한다면 어떤 기분일까? 슬프거나, 화나거나, 격분하는가?

그렇다면, 원하지 않는 미래 대신 원하는 미래를 만들기 위해 준비할 때 이러한 감정이 어떤 영향을 미치는지 생각해보자.

우리가 가진 지성은 다양한 미래를 창조하고 건설하는 방법을 상상하는 데 도움이 되지만, 결국 투자할 미래를 결정하는 것은 우리가 느끼는 감정이나 우리가 가치 있다고 여기는 것인 경우가 더 많다. 마음속으로 느끼는 미래에 대한 감정은 현재 우리가 어떻게 살아야 하는지를 안내하는 등불이 된다.

추론은 우리가 미래를 그럴듯하게 예측한 심리적 모델을 개발할 수 있게 해준다. 그러나 우리가 원하는 모델로 인도하는 것, 그리고 이러한 모델을 어떻게 적용하고 활용하는지에 영향을 미치는 것은 결국 우리가 느끼는 감정이다. 그렇지만 감정을 항상 신뢰할 수 있는 것은 아니다. 감정은 우리가 받아들이는 것을 합리적으로 분석하기보다는 뇌에서 주변 환경과 생존에 대한 감정적인 반응을 다루는 부분에 뿌리를 두고 있다. 그럴듯해 보이는 이야기에 우리가 모르는 부분이 있다면, 감정은 이 공백을 메우는 데 뛰어나다. 때로는 감정이 지성을 앞서 곤경에 빠지기도 한다.

그러나 우리 모두가 갖고 있는 추론과 감정의 복잡한 융합은 우리가 원하는 미래를 만들기 위해 노력할 때 우리가 알고 있는 것 이상의 능력을 발휘할 수 있게 해준다. 당장 눈앞의 합리성만 좇는 것이 아니라 현재 가능하다고 생각하는 한계를 초월하는 미래를 상상하게 하는 조합이다. 감정과 추론은 우리의 창의력과 상상력의 원천이 되고 현재와는 확연히 다른 미래를 만드는 아이디어를 떠올리는 능력이 된다.

또한 감정과 추론은 근거가 없어 보이는 미래를 믿거나 보이지 않고 이해할 수 없는 것에도 믿음을 갖는 우리 인간의 변함없는 능력의 핵심이다.

19

믿음

과거와 현재에 우리가 아는 것을 논리적으로 확장하여 미래를 발견하는 것이 추론이라면, 믿음은 그 반대라고 할 수 있다. 믿음은 뒷받침하는 증거 없이, 심지어 우리 앞에 놓인 증거를 무시하고 미래에 어떤 일이 있으리라 믿는 것이다. 스스로 합리주의자라 생각하는 사람이라면 말도 안 된다고 생각할지도 모른다. 그러나 증거가 거의, 혹은 전혀 없는 미래를 믿는 이 능력은 종교와는 상관없이 인간의 정신에 뿌리 깊게 박혀 있다. 결국 믿음이 우리가 미래를 상상하는 방식과 현재 삶을 살아가는 방식에 지대한 영향을 미친다는 것은 분명하다.

내가 사는 곳에서 불과 몇 킬로미터 떨어진 곳에 발할라Valhalla라는 다소 거창한 이름을 가진 마을이 있다. 부동산에서 '발할라 투어'를 광고하는, 전혀 이상할 것이 없는 주거 지역이다. 그리고 그 거창한 이름에 걸맞게 L. 론 허버드L. Ron Hubbard가 사이언톨로지교를 창시한 곳이기도 하다.

원래 발할라는 북유럽 신화에서 전투에서 죽은 영웅들이 사후에 모여 살아가는 곳을 말한다. 아마 옆 동네 발할라는 그에 비해 별 볼일 없을 것이다. 그러나 두 발할라 모두 미래와 현재를 연결하는 믿음의 힘이 존재한다는 증거이다.

북유럽 신화에 따르면 발할라는 전투에서 보여준 용기에 대한 보상이었다. 신화가 일부 사실이라는 가정하에 이는 현재의 행동에 지대한 영향을 미치는 미래의 비전이라고 할 수 있다. 전사들은 사후 영광스러운 미래가 기다리고 있다는 생각에 실제 세계의 상처로 인한 고통과 때로는 잔혹한 행위로 인한 죄책감도 씻어버릴 수 있었다. 여기에는 지성이나 이성적인 추론 대신 설득력 있는 사람들이 늘어놓는 그럴듯한 이야기가 미래에 대한 우리의 비전에 엄청난 영향력을 행사할 수 있다는 현실만 존재했다.

겉으로 보기에 사이언톨로지교는 북유럽 신화와 매우 다르다. 외계인의 불멸의 영혼이 나타난 것이 인간이라는 주장을 포함하여 다소 파격적인 이야기를 늘어놓지만 합리적인 사고와 과학적 방법론을 기반으로 한다고 주장하는 신념 체계이다. 그러나 발할라와 마찬가지로 사이언톨로지교는 신자들에게 죽음 너머의 미래에 대한 비전과 이 미래가 그들이 현재 삶을 살아가는 데 깊게 영향을 미친다는 믿음을 심어준다.

사이언톨로지교와 북유럽 신화는 믿음과 미래의 관계를 다소 극단적으로 보여주는 예다. 그러나 둘 다 알지 못하고 알 수도 없는 것에 대한 깊은 믿음이 미래에 대한 우리의 관점에 얼마나 큰 영향을 주는지를 상기시킨다. 거의 모든 종교는 전통적으로 미래에 대한 비전이 존재하며 신자들이 삶을 살아가는 방식에 깊은 영향을 미친다. 이것은 힌두교, 불교를 비롯해 기독교, 이슬람교, 유대교 전통에도 해당한다. 믿음이 합리적인 세계관과 맞지 않는다고 생각하기 쉽지만, 그럼에도 미래를 내다보는 사람들이 많고 그들이 상상하는 미래가 현실에 미치는 영향은 엄청나다.

믿음 그 자체는 조직화된 종교 너머의 개념이다. 우리가 이해하지도 증명하지도 못하는 것을 믿는 능력은 합리적인 추론과 함께 생물학적으로 물려받은 유산이다. 예를 들어, 특정 신을 믿지 않는 사람도 어떤 신성한 존재나 힘을 믿거나 우리 미래를 결정하는 단순한 역학 이상의 무언가가 존재한다고 믿는다는 것을 인정한다. 과학자나 스스로를 합리적인 사상가라고 생각하는 사람도

2장 고유한 인간

마찬가지다.

종교적인 믿음 때문이든, 인생에는 우리가 상상할 수 있는 것보다 더 많은 것이 있다고 생각하기 때문이든, 또는 단순히 열린 마음을 유지하려는 의지 때문이든, 우리 대부분은 입증되지 않거나 증명하지 못하는 미래에 대한 비전에서도 동기를 부여받는다. 이것은 우리가 하는 일의 가치를 믿는 것처럼 단순할 수도 있고 다른 사람을 존중하고 친절하게 대하는 것의 중요성을 믿는 것처럼 심오할 수도 있다. 어느 쪽이든, 우리 모두는 추론에 의존하는 것만큼이나 믿음에도 의존하여 미래의 비전을 구성하는 놀라운 능력을 가지고 있다.

마치 우리가 확실하다고 말할 수 없는 미래가 그럴듯하다고 믿게 만드는 특성을 어디에선가 물려받은 것 같다. 그리고 사실 보지 못하는 것을 믿는 능력은 단순한 합리성을 초월하는 또 다른 인간의 특성인 상상력과 깊은 연관이 있기 때문에 우리가 추구하는 세상과 미래는 더욱 풍요로워진다.

20

상상력

1971년 존 레논이 발표한 곡 〈이매진Imagine〉이 미국의 차트를 강타했다. 베트남 전쟁을 16년째 치르며 군대로 소집되던 상황과 대조되는 존 레논의 노래는 듣는 사람들에게 천국도, 지옥도, 국가도, 종교도 없는 '평안한 삶을 사는 사람들'만을 상상하게 했다.

당신의 감상이 어떠하든 존 레논의 노래는 다른 미래를 상상하는 우리의 놀라운 능력을 자극한다. 학습능력, 추론하는 능력, 그리고 보지 못하고 이해하지 못하는 것을 믿는 능력을 바탕으로 발현되는 재능이다.

아직 존재하지 않는 것을 만드는 단계를 밟아나가도록 영감을 주는 것은 현재와는 다른 미래를 상상하는 능력이다. 이 능력은 아직은 알지 못하지만 현실이 될지도 모르는 미래에 대한 믿음의 핵심 요소이다. 과학자가 존재한다고 상상하는 새로운 지식을 찾아내도록 영감을 주고, 공학자와 기술자가 이론과 방정식을 상상 속 제품으로 변형하도록 이끌어준다. 상상력은 건축가가 청사진만 보고도 우뚝 솟은 건물을 볼 수 있게 하고, 발명가가 잡동사니 더미를 보면서도 환상적인 기계를 떠올리게 하며, 투자자가 오염되고 버려진 땅을 보고도 스마트 도시와 번성하는 커뮤니티를 볼 수 있게 한다. 또한 상상력은 예술가가 작업을 통해 보여주고자 하는 것을 시시각각 변화하는 모습으로 제공하는 힘을 준다.

물론, 존 레논의 〈이매진〉이 우주 평화를 위한 완벽한 해결책은 아닌 것처럼, 상상력도 우리가 현재 있는 곳과 우리가 물려받고 싶은 미래 사이의 불완전한 연결책일 뿐이다. 상상력은 우리에게 영감을 주지만, 그렇다고 해서 미래가 어떤 모습이어야 하고 그 미래를 어떻게 만들어야 하는지 모든 사람이 같은 생각을 하지는 않는다. 안타깝게도 우리의 상상력에는 어두운 면이 있다. 상상력은 보편적인 행복에 대한 열망도 만들어내지만 고문과 대량 학살을 만들어내기도 했다. 그리고 상상력은 실현 가능한 범위를 넘어서는 경우가 많다. 예를 들어, 영화 〈스타트렉〉의 순간이동이나 식품 복제기, 빛보다 빠른 속도로 하는 이동 등의 공상과학 요소를 상상하기는 어렵지 않다. 그러나 다른 상상 속 개념들과 마찬가지로 우주의 법칙에서 허용하는 한계를 넘어선 것이다.

이러한 환상에 빠지더라도 우리의 상상력은 다른 미래 가능성을 구성할 수 있게 해준다. 그리고 궁극적으로 도달할 수 없는 미래라고 하더라도, 그런 가정이 없었다면 영영 발견되지 않았을 미래로 가는 길을 개척하도록 영감을 줄 수 있다.

그러나 미래로 가는 길을 여는 것과 실제로 앞장서서 나아가는 것은 다르다. 상상력은 미래로 나아가는 길을 열어주지만, 그 미래를 향해 머뭇거리는 한 걸음을 내딛게 만드는 것은 바로 호기심이다.

21

호기심

2012년 8월 6일 나사NASA의 큐리오시티Curiosity 탐사선이 화성에 착륙했다. 처음에는 2년 동안 게일Gale 분화구를 탐험하는 것이 목적이었으나, 큐리오시티는 아직까지 화성 탐사에 박차를 가하고 있다.

호기심이라는 뜻을 가진 큐리오시티 탐사선의 이름은 매우 적절해 보인다. 질문을 던지고, 바위 아래 숨겨진 것을 찾아내고, 알고 있는 것의 한계를 뛰어넘고자 하는 우리의 욕망을 그대로 드러낸 것이다. 큐리오시티라는 이름은 우주가 어떤 것인지 알고 싶어 하는 우리의 갈증을 전형적으로 보여준다. 그리고 새롭고 특이한 것에 매료되는 인간의 심리를 계속해서 충족시킨다.

인간의 호기심은 진화된 특성이며 우리를 매우 쾌활한 종족으로 만들어주었다. 호기심은 우리가 아는 것에 불만족하게 하고 새로운 지식을 끊임없이 개발하도록 영감을 준다. 이는 역동적인 환경에서 생존하기 위해 필수적인 특성이다. '만약'이라는 가정을 통해 우리는 모퉁이 너머에 무엇이 있고 우리를 어디로 데려갈지에 마음을 빼앗긴다. 우리가 처한 세상을 계획하고 이해하는 능력에 빛을 비추는 것은 타고난 호기심이며, 이는 현재보다 나은 미래를 향한 길을 탐색하는 수단이 된다.

호기심은 우리가 원인과 결과를 연결하는 데 도움이 되는 질문을 하게 만들고, 결과적으로 새로운 지식을 제공한다. 우리가 해낼 수 있는 새로운 일에 도전하게 만드는 것이다. 그리고 미래에 어떤 일이 가능한지 보이기 시작하면서 '어떻게' 그 미래에 도달할 것인지 질문을 던진다.

물론, 우리의 호기심은 골칫거리가 되기도 한다. 적어도 감각보다 호기심이 발달한 사람들에게는 그렇다. 단지 무슨 일이 일어날지 궁금하다는 이유로 눈을 감고 운전하거나 처음 보는 것을 먹어보는 일은 단명을 목표로 하는 것이 아닌 이상 좋은 방법이 아니다. 그리고 바로 이것이 지성 없는 호기심이 위험한 이유다. 그러나 호기심이 없다면 미래에 대한 우리의 비전이 아무리 그럴듯하더라도 원하는 미래에 도달하는 방법을 결코 알아내지 못할 것이다.

하지만 호기심만으로 우리가 상상하는 미래에 갈 수 있는 것은 아니다. 호기심은 현재 우리가 알고 있는 것 너머로 우리를 밀어낸다. 그러나 그 미래에서 무엇을 찾을 수 있는지 마음속에 어떤 대상이나 그림이 필요하다. 그리고 이를 위해 우리는 호기심의 사촌지간이라 할 수 있는 창의성을 알아볼 필요가 있다.

22

창의성

세계경제포럼WEF, World Economic Forum은 2018년 〈미래 일자리 보고서Future of Jobs Report〉에서 미래의 물결을 타기 위해서는 창의력을 개발해야 한다고 강조했다. 새로운 기술과 변화하는 트렌드가 직업 환경을 빠르게 변화시키기 때문에 앞서나가기 위해서는 모두 자기 개발에 창의성을 접목해야 한다는 점을 지적한 것이다. 사실 창의성은 업계에서 일종의 유행어가 되었고 일부는 '창의성'이 새로운 '혁신'이라고 말하기도 한다.

우리 대부분은 미래를 생각할 때 창의성이 중요하다는 것을 알고 있지만 그 창의성이 무엇인지 정확히 설명해보라고 하면 말문이 막히고 만다.

'창조하다create'라는 단어는 만들다, 생산하다, 출산하다는 뜻을 가진 라틴어 'creare'에서 파생되었다. 지난 몇 년간 창의성은 특히 인간의 상상력과 독창성을 활용하여 존재하지 않던 새로운 것을 생산하는 아이디어를 뜻하게 되었다.

이런 의미에서 창의성은 원자재보다 잠재적으로 더 큰 가치를 지닌 새로운 아이디어와 물건을 생산하는 능력을 개발하고 사용하는 것을 뜻한다. '잠재적'이라는 단어를 사용한 이유는 창의성의 가치를 확인하기 어렵고 누군가에게는 가치 있는 것으로 보일지라도 다른 사람에게는 무시될 수도 있기 때문이다. 이런 불확실성에도 불구하고 기존의 아이디어, 재료, 제품을 가져와 독창적인 통찰력으로 새로운 가능성을 열어 새로운 것을 만들어내는 과정이 바로 창의성의 본질이라고 할 수 있다.

이처럼 창의성은 우리가 미래를 향한 새로운 길을 인식하게 하는 힘을 가지고 있다. 예를 들면, 변화하는 글로벌 고용시장에서 변화하는 요구사항과 기대에 맞춰 사람들이 스스로 자기개발을 할 수 있는 방법을 제시하는 것이 바로 창의성이다. 그러나 미래 건설이라는 큰 맥락에서 보면 창의성은 그 이상을 뜻한다. 우리가 열망하는 미래를 향해 단계를 밟아 다리를 건설하도록 만들어주는 것이다.

이러한 창의성의 특성이 미래를 구축하는 방법론의 가장 매력적인 부분 중 하나이다. 상상력과 믿음은 우리가 얼마든지 미래를 구상할 수 있도록 해준다. 지식과 추론은 우리가 단순한 환상에서 그럴듯한 것을 추려내는 데 도움이 된다. 그리고 호기심은 새로운 발견을 하면서 원하는 미래를 건설하기 위한 방법을 제시한다. 그러나 우리가 가고 있는 방향으로 가는 데 실질적인 도움이 되도록 이러한 도구를 적용하기 위해서는 창의성이 필요하다.

창의성은 이러한 방식으로 미래와 엮여 있다. 다음 주나 내년에 일어날 사건은 피할 수 없는 시간의 흐름이나 자연이 우연히 선택한 변화의 산물이 아니다. 오히려 미래를 상상하고 그 미래로 나아갈 길을 만드는 우리의 능력에 영향을 받은 결과물이며, 우리가 아무것도 하지 않고 세상을 내버려둔다면 일어나지 않았을 미래로 가게 된다.

창의성은 미래를 향한 가시적인 길을 여는 것 이상을 포함한다. 상상하는 미래로 이어지는 마음의 길을 만들고 그럴듯한 현실과 함께 우리의 꿈과 열망을 엮어나가는 것을 말한다. 그리고 이것은 창조적인 예술 영역에서 가장 잘 드러난다.

2장 고유한 인간

23

예술

몇 년 전, 내가 워싱턴 D.C.의 펜실베이니아 애비뉴_{Pennsylvania} _{Avenue}에서 일할 때 국립 미술관에서 놀라울 정도로 단순한 전시를 본 기억이 난다. 벽에 정사각형 모양의 흰색 천이 고정되어 있었는데, 내 주머니 속에 있던 손수건과 별다른 점이 없어 보였다. 나는 벽에 보잘것없는 천을 붙여두고는 예술이라 승화시킨 것이 무엇인지 궁금하지 않을 수 없었다.

예술은 대개 창의성의 행위이며 보는 사람의 눈에 의해 가치가 결정된다. 내가 말한 네모난 흰색 천은 작품의 이름이나 작가도 지금은 기억나지 않지만, 흔하지 않은 상황에서 흔한 물건을 사용하는 전통적인 예술 형태의 일부였다. 이러한 예술적 창의성은 사소해 보일 때도 있지만, 당장 눈에 보이는 것의 한계를 뛰어넘어 세상을 바라보는 방식을 드러내며 사람들의 상상력을 자극하는 효과를 내기도 한다. 그리고 예술은 시간과 공간을 통해 확장되어 과거, 현재, 미래가 어떻게 얽혀 있는지 창조적으로 이해하고 연결하게 해준다.

특히 미래와 관련해서는 모든 형태의 예술이 창의성에 생명을 불어넣는 역할을 한다. 다른 미래를 상상하고 그 미래를 구축하는 방법을 만드는 능력에 힘을 실어준다. 예술이 단순한 사실과 수치로는 전달할 수 없는 방식으로 생각과 감정, 신념을 공유할 수 있기 때문에 가능한 것이다. 우리가 함께 미래를 상상하고 만들어나갈 때 예술은 우리가 다른 사람의 마음에 닿아 감동을 줄 수 있게 해준다.

이러한 '예술'은 믿을 수 없을 정도로 다양한 형태로 존재한다. 예술적 표현에 담긴 현실적 요소들은 가능성이 큰 미래에 힘을 실어주고, 이전에는 모호했던 것을 구체화할 수 있게 한다. 예술적 표현의 추상적 요소들은 우리를 관습적 사고에서 벗어나게 하여 세상을 다른 관점으로 보고 경험할 수 있도록 한다. 또한 미래를 엿볼 기회를 제공하여 상상력을 키워주는 동시에 우리가 마음속으로 그 공백을 채울 수 있도록 한다.

돌이켜보면, 그날 국립 미술관에 걸려있던 하얗고 네모난 천의 의미를 이해하기 위해 애를 썼던 그 기억이 결국 지금 예술과 미래의 관계에 대한 생각의 자양분이 되었다. 같은 방식으로 모든 형태의 예술은 우리가 미래를 생각할 때 매우 강력한 상상력을 촉발시키는 작용을 하며 미래 지향적인 창의성을 키우는 자극제 역할을 한다.

예술은 창의성에 연료를 공급하기 때문에 합리적인 분석을 초월하는 방식으로 우리가 하는 행동의 결과에 대한 통찰력을 드러낼 수 있다. 우리가 미래를 내다볼 때는 감정과 본능을 활용하여 지성을 보완하고 확장한다. 상상력을 펼치도록 영감을 주고 희망으로 우리를 채워준다. 그러나 예술은 현재의 베일 너머에 있을지 모르는 어두운 면을 드러내기도 한다. 그리고 그렇게 할수록 가장 본능적인 반응인 두려움을 불러일으킨다.

24

두려움

2003년, 작가이자 배우인 맥스 브룩스Max Brooks는 『좀비 서바이벌 가이드』라는 책을 출간했다. 이 책은 좀비의 공격에 대비하고 방어하는 방법을 놀라울 정도로 상세하게 기술한 소설이다. 브룩스는 이 가이드를 오로지 좀비로부터 생존하기 위해 쓴 것이라 단호하게 말하지만, 명백한 허구인 이 책의 이면에는 꽤나 진지한 배경 이야기가 있다. 브룩스는 어린 시절 좀비라는 개념 자체를 두려워했다. 그는 2017년 《롤링스톤Rolling Stone》의 인터뷰에서 "내가 처음으로 본 좀비 영화는 이탈리아 식인종 좀비 영화였는데 너무 무서웠다"라고 말했다. 『좀비 서바이벌 가이드』는 그가 두려움에서 벗어나기 위한 방법의 일환이었다.

브룩스의 예술은 자신의 두려움에 대한 카타르시스이면서 동시에 다른 사람들이 두려운 상황에 처했을 때 이겨내도록 돕는 역할을 했다. 그리고 좀비는 여전히 허구의 존재로 분류되지만 브룩스는 두려움과 예술의 결합이 미래에 대한 놀라운 통찰력을 제공할 수 있다는 사실을 보여주었다. 『좀비 서바이벌 가이드』는 오늘날 군사 전략을 가르치는 데에도 사용된다.

두려움은 본능, 이성적 사고, 생리적 반응이 복합적으로 섞인 것이다. 맥박이 빨라지고 땀이 흐르거나, 배가 부르르 떨리고 불안감이 높아지는 것과 같이 위협에 대한 매우 육체적인 반응이 나타난다. 이것은 우리를 보자마자 잡아먹을지도 모르는 다른 동물 앞에서 싸울 것인지 도망칠 것인지 본능적으로 반응하는 것이다. 우리가 두려워하는 반응은 학습된 경험의 일부이기도 하다. 그래서 이상하게도 우리 몸은 어려운 시험을 앞두고 불안할 때, 거짓말을 들키거나 사회적으로 스트레스가 많은 상황에 처할 때 굶주린 짐승을 만났을 때와 같은 방식으로 반응한다. 그리고 이 같은 경우에 우리 뇌의 일부는 고통과 관련된 미래를 구성하고 그 고통을 피하는 방법을 필사적으로 연구한다.

두려움은 미래의 가능성과 현재의 행동을 잇는 매우 강력한 생물학적 연결이라는 것이 밝혀졌다. 우리가 직감적인 본능으로 미래를 상상하든, 논리와 이성으로 미래를 상상하든 그 미래를 바꾸고자 하는 동기를 부여하는 것은 일어날지 모르는 일에 대한 두려움이다. 수십만 년 전, 이를 수행하기 위해 우리가 사용한 두 가지 가장 기본적인 도구는 버티거나, 도망치는 것이었다. 그러나 최근 우리는 두려움에 반응하는 도구를 크게 확장했다.

현대 사회에 살면서 우리는 두려움과 싸우거나, 피하거나, 사라지게 할 수 있는 개인적, 사회적, 기술적 방법을 다양하게 갖추고 있다. 그러나 이 모든 것의 핵심은 미래에 피하고 싶은 결과를 본능적으로 상상하고 예측하는 능력이다. 두려움은 우리를 미래와 감정적으로 연결시키고, 스트레스를 주는 일들을 피하기 위한 일을 하도록 겁을 준다.

그러나 미래에 대한 두려움이 왜 이렇게 강력한 동기를 부여할까? 왜 우리가 행동하는 데 미래에 어떤 일이 일어날지에 관한 지적인 이해 이상이 필요할까?

우리가 처음으로 두려움을 경험하는 이유에서 답을 찾을 수 있다. 대부분은 우리의 정체성, 건강, 목숨과 같이 우리에게 소중한 것을 잃을지 모른다는 생각에서 두려움이 생긴다. 그리고 그중 가장 절망적인 상황은 우리가 사랑하는 사람을 잃는 것이다.

2장 고유한 인간

25

이별

샌디 페킨파Sandy Peckinpah는 사랑스러운 아이 세 명을 얻었다. 축복과 같은 일이었다. 그리고 어느 날, 생각지도 못한 일이 벌어졌다. 2016년 샌디가 쓴 글에는 다음과 같이 적혀 있다. '한 차례의 경고도 없이 내 삶은 변해버렸다. 16살이던 사랑스러운 아들이 학교에서 돌아와 두통과 열이 있다고 했다. 의사는 독감이라고 진단했지만, 사실이 아니었다. 그날 밤 나는 아이를 영원히 잃고 말았다. 나는 다음 날 아침 침대에서 죽어버린 아이를 발견했다. 의사가 오진한 아이의 병은 치명적인 급성 세균성 뇌수막염이었다.'

샌디의 경험은 비극적이게도 매일 전 세계에서 반복되고 있으며, 부모는 상상할 수 있는 최악의 일인 아이를 잃는 상황에 처했고 아이가 살아있어야 했을 미래에 직면했다.

이별, 특히 죽음으로 인한 이별은 글로 표현할 수 없을 정도로 고통스럽게 미래와 얽혀 있다. 그럼에도 소중한 사람이나 소중한 것과의 이별에 대한 두려움, 그에 따르는 슬픔, 그러한 상실의 경험은 미래와의 관계에 깊은 영향을 미친다. 부모로서 우리는 자녀가 누려야 하는 아름다운 미래를 꿈꾸고, 어둡고 고통스러운 미래를 상상하며 두려워한다. 우리가 아이를 잃는 고통을 직접 겪지 않았더라도, 상상만으로도 실제로 배를 한 대 얻어맞은 것처럼 아프기까지 하다. 아이를 잃는 것뿐만이 아니다. 실제로 일어나는 일이든 그저 두려운 마음이든, 사랑하는 사람을 잃는다는 것은 깊은 상처를 주고 우리를 아프게 한다.

이별, 그리고 이별할지 모른다는 상상은 미래와 끊을 수 없는 끈으로 묶여 있다. 우리에게 가깝고 소중한 것을 잃을지 모른다는 위협은 가진 것을 보호하기 위해 방어 태세를 갖추도록 한다. 그리고 현재보다 더 안전할 것이라 믿을 수 있는 미래를 건설하도록 자극한다.

그 결과 우리는 아이들이 행복하고 건강한 미래, 사랑하는 사람들이 무탈하게 살아가는 미래, 고통과 배고픔, 빈곤, 불의가 없는 미래, 우리를 지탱하는 세상과 균형을 이루며 살아가는 미래를 만

2장 고유한 인간

들기 위해 노력한다. 우리가 가진 것과 될 수 있는 것을 상실하는 데 대한 두려움은 앞으로 일어나는 일에 단순히 방관자가 되기보다는 미래를 변화시키는 데 참여하도록 우리를 자극한다.

그러나 이별에 대한 두려움이 벽에 부딪힌다면 어떻게 될까? 우리가 원하는 미래로 갈 수 있는 길이 보이지 않고, 길을 찾을 수조차 없다면 어떨까? 그렇게 되면, 우리는 현재보다 나은 미래를 상상하지만 그 미래에 닿을 수 없게 되고, 결국 우리가 소중히 여기는 것에 실질적으로 위협을 준다. 막을 힘조차 없이 피할 수 없는 이별을 겪고야 마는 것이다. 그리고 우리는 절망에 빠진다.

26

절망

절망은 미래와 어둡고도 복잡한 관계다. 현재보다 나은 미래를 상상할 수는 있지만 도달할 방법이 없을 때 느끼는 감정이나 상태를 우리는 '절망'이라고 말한다. 고통스러운 현재에 갇혀버린 상태이며, 우리 너머에 항상 존재하는 미래를 인지하고 있는 상태이다. 절망이라는 세상에서는 시간과 기회가 굳어버리고, 우리도 그 사실을 안다.

기억, 상상력, 호기심, 믿음이 없다면 절망도 아무 의미가 없을 것이다. 존재하는 현재 외에 다른 것은 상상하지 못하기 때문에, 행복할 수 있는 선택지가 무엇인지도 알지 못하고 그저 가진 것만으로 체념한 채 살아갔을 것이다.

하지만 세상은 그렇지 않다. 미래를 상상할 수 있고 바꿀 수 있다는 선물은 사실 우리가 인지하고 있지만 통제할 수 없는 미래가 있다는 현실을 안고 살아가야 하는 저주와 함께 온다. 대부분의 경우 우리는 영향을 미칠 수 있는 것에 집중하고 영향을 미치지 못하는 것은 받아들이면서 살아간다. 우리는 미래에 대한 비전을 이룰 수 있는 것, 열망하는 것, 도달할 수 없는 것으로 분류하는 놀라운 능력을 가지고 있다. 우리는 첫 번째 항목과 두 번째 항목을 달성하기 위해 열심히 노력한다. 그리고 세 번째 항목은 일반적으로 우리의 꿈이나 환상과 관련이 있다.

그런데 첫 번째와 두 번째 항목에 아무것도 없다면 어떨까? 달성할 수 있거나 열망하는 미래 비전이 없을 때 우리는 나아가는 방향을 선택할 의지를 상실한다. 그리고 지금 우리가 있는 곳과 갈망하는 미래 사이 실이 끊어지면 길을 잃고 헤매고 만다. 우리는 과거에서 미래로 흘러가는 시간에 갇혀 돌아갈 수 없는 피조물이기 때문에 더 나은 세상을 상상할 수는 있지만 도달할 수는 없는 잔인한 운명을 겪고 있다.

안타깝게도 다른 사람들을 소외시키고 학대하고 억압하는 우리의 본성 때문에 수 세기에 걸쳐 이러한 운명을 맞이한 지역이 셀 수도 없이 많다. 우리는 미래를 건설하는 건축가일 수도 있지만,

우리에게 도움이 된다면 다른 사람의 미래를 빼앗는 데도 대단히 뛰어나다. 더 나쁜 것은 우리가 다른 사람들에게 강요한 미래의 벽 안에 그들을 가두는 것이다.

미래를 상상하는 능력 때문에 때때로 절망의 구덩이에 빠지기도 하지만, 숨겨진 가능성이 있는 경우도 많다. 다행히 미래는 우리가 상상하는 것만큼 단순하지 않으며 미래를 향한 길은 생각보다 훨씬 더 많다.

27

가능성

어떤 결정이 내려질 때마다 우주가 둘로 나뉘고 각 평행우주는 가능한 다른 결과로 흘러간다는 이론이 있다. 그리하여 상상할 수 있는 모든 일이 일어나는 우주가 존재한다는 이론이다.

이 아이디어는 이론물리학자들이 고생을 무릅쓰고 계속해서 연구할 만큼 흥미롭다. 말이 안 되는 것처럼 보일지 몰라도 우리가 현재 서 있는 곳과 미래에 가는 곳 사이의 경로가 상상보다 훨씬 더 많고 다양한 가능성의 우주에 살고 있다는 현실을 강조한다.

가능성은 미래를 향한 여정에서 통과하게 되는 풍경의 일부이다. 가능성이 없다면 미래는 정해지고 우리는 절망에 빠진다. 다행히 무한 평행우주 이론을 끌고 오지 않더라도 우주는 끊임없이 유동적으로 움직인다. 그러면서 무한하지는 않더라도 놀랄 만큼 다양한 가능성이 나타난다.

기본 입자가 진동하고 한 줄기 빛이 통과하는 것에서부터 DNA 가닥이 풀리는 것에 이르기까지 우주는 끊임없이 변화하고 있으며 변화할 때마다 가능성이 곧 현실이 되는 경계 위에 서게 된다. 우주시계가 째깍째깍 움직일 때마다 더 큰 가능성의 파도로 합쳐져 우리를 예상치 못한 이상한 방향으로 이끌 수도 있다. 예상 밖의 합류 지점에서 때로는 우리 자신에게, 때로는 더 나은 미래로 가는 길을 명확하게 보고 우리의 손을 잡고 그곳으로 안내할 수 있는 사람들에게 지금까지 보지 못한 기회가 나타나기도 한다.

이러한 가능성은 우리가 스스로 길을 개척할 수 있는 능력을 가질 때 절망을 조금씩 갉아먹는다. 그러면서 희망으로 나아가는 것이다.

28

희망

1916년 4월 24일, 인류 역사상 가장 위험한 여행 중 하나가 시작되었다. 용감한 탐험가 집단이 남극 대륙에 좌초되었고 생존을 위한 최후의 수단으로 항해가 거의 불가능한 작은 배를 타고 사우스조지아South Georgia의 외딴 섬으로 가는 위험한 여행을 시작한 것이다.

그로부터 약 2년 전, 영국의 탐험가 어니스트 섀클턴Ernest Shackleton은 최초 남극 횡단 탐험을 위해 탐험가들을 소집해 여행을 시작했다. 그러나 남극에 도착하기도 전에 배가 해빙에 갇혔고 부서지기 시작했다. 선원들은 그 후 몇 달 동안 얼음 위에서 살아남기 위해 고군분투했고, 매서운 추위에 식량마저 바닥을 드러내 점점 희망을 잃어가고 있을 때, 1916년 초 웨들 해Weddell Sea 끄트머리에 있는 작은 섬으로 향했다.

남극에서 탈출하기 위해 섀클턴은 선원 두 명과 함께 원래 배의 구명정 중 하나를 타고 세계에서 가장 험한 바다 위 1,300킬로미터를 가로질러 사우스조지아 섬의 작은 포경업 시설로 향했다.

1916년 5월 10일 탐험가 세 명이 섬에 상륙했고 8일 후 역사상 가장 놀라운 여행을 마치고 사우스조지아 섬 북부 스트롬니스Stromness의 포경업 시설에 성공적으로 도착했다. 그 모든 역경에도 섀클턴은 선원들이 안전하게 돌아갈 수 있는 미래를 구상하고 설계했다. 가장 기본적인 항해장치 하나만 가지고 그 위도에서 작은 구명보트로 1,300킬로미터 바다를 건너 작은 산악지형 섬에 가고자 하는 것은 무모한 일이라고 입을 모아 이야기한다. 그러나 섀클턴에게는 희망이 있었다. 식량 부족, 질병, 폭풍우로 선원을 하나씩 잃어가면서 그는 철저한 계산하에 위험을 감수하기로 한 것이다. 그리고 성공했다.

섀클턴의 이야기는 눈에 띄게 인상적인 생존기이지만 우리 주변에서도 볼 수 있는 이야기이다. 이 이야기들의 공통점은 사람들이 미래를 내다보고 최선의 결과를 희망하면서 역경에 맞서는 능력이다.

물론 희망만으로는 미래를 바꾸지 못한다. 그러나 우리가 물려받은 미래 지향적인 기술과 도구를 모두 동원하면 파도처럼 밀려오는 절망 속에서도 희망으로 가는 실을 뽑아내고 도달할 수 없을 것처럼 보였던 미래로 가는 길을 찾아낼 수 있다.

　희망하고 성공하는 능력이 단순히 우리의 진화적 유산의 일부인지, 아니면 생물학적 뿌리를 초월한 새로운 속성인지는 정확히 알 수 없다. 그러나 확실한 것은 가능해 보이는 것 너머를 보고 더 나은 미래를 위해 다른 사람들에게 영감을 줄 수 있는 놀라운 능력이 우리에게 있다는 것이다. 그리고 이 능력은 과거, 현재, 미래를 연결해 하나의 이야기로 엮어내는 기술에 의존한다.

29

이야기

1977년 영화 〈스타워즈〉의 첫 번째 시리즈가 개봉했을 때 나는 열두 살이었다. 처음 개봉했을 때는 영화를 보지 못했지만, 공상 과학 영화를 딱히 선호하지 않던 프랑스어 선생님도 참지 못하고 아름다운 공주, 대담한 영웅, 사악한 적에 관한 멋진 이야기를 들려주던 것이 기억난다.

우리는 모두 재미있는 이야기를 좋아한다. 우리에게는 이야기를 좋아하는 피가 흐르며 그럴 만한 이유가 있다. 이야기는 우리가 주변 세계를 이해하는 방법이다. 원인과 결과를 연결하는 복잡한 퍼즐을 맞추는 데 도움을 줄 뿐만 아니라 우리 삶과 다른 이들의 삶의 미래를 계획할 수 있게 해준다. 이뿐만 아니라 이야기를 통해 미래의 비전을 다른 사람과 공유하고, 우리가 보고 경험하는 세상을 다른 사람도 엿볼 수 있게 해준다. 이 때문에 이야기는 미래로의 여행을 준비할 때 우리를 단결시키는 사회적 구조의 일부가 되었다.

샤클턴은 절망적으로 보이는 상황을 그렇지 않은 상황으로 바꾸는 방법에 대한 이야기를 스스로에게 들려주었기 때문에 안전한 경로를 계획할 수 있었다. 다른 사람들이 샤클턴이 하는 이야기를 듣고 따르도록 설득력 있게 전달하는 능력이 있었기에 가능한 일이었다.

샤클턴의 대서사시와 같은 실제 모험과 〈스타워즈〉를 같은 선상에 놓고 비교할 수는 없다. 하지만 둘 다 영감을 주는 이야기를 만들고 공유하는 우리의 선천적인 능력을 활용한다. 그리고 대개 가장 강력한 이야기는 미래와 관련된 이야기이다.

〈스타워즈〉는 '아주 먼 옛날, 머나먼 은하계에서' 일어난 이야기 속으로 우리를 밀어 넣는다. 선과 악의 세력이 맞서 싸우는 저울에 놓인 누군가의 가상의 미래를 중점으로 다루는 이야기이다. 장소, 시간의 이동은 그저 허구적 이야기에 불과하지만 우리의 꿈과 희망으로 가득하다. 그리고 여기에서 스토리텔링의 마법이 시작된다. 허구의 우주를 배경으로 구성한 이야기이더라도, 우리가 미래와의 관계를 새로운 시각으로 바라보도록 영감을 줄 수 있고, 상상 속에서 가능했던 것을 실현 가능한 현실로 바꾸어놓을 수 있다.

우리는 미래를 생각할 때 우리가 잃게 되는 것, 혹은 바라는 것이 무엇인지에 깊은 영향을 받으며 창의적이면서도 실현 가능한 미래의 비전을 구축할 수 있는 놀라운 능력을 가지고 있다. 그러나 우리가 이렇게 구상하고 상상한 미래에 어떻게 도달할 것인가에 관한 이야기는 스스로에게 이야기를 시작할 때 비로소 구체화되기 시작한다.

이러한 이야기는 현재 우리가 있는 곳과 우리가 원하는 곳 사이의 경로를 마음속으로 계획하면서 허구와 현실을 연결한다. 일부는 섀클턴이 선원의 생존을 위해 고군분투한 이야기처럼 현실 세계에 기반을 두고 있다. 어떤 사람들은 〈스타워즈〉의 세계만큼이나 허구적인 환상의 세계에 빠져 있다. 그러나 우리가 스스로에게 건네는 모든 이야기는 결국 어느 정도 미래로 가는 길을 밝혀준다.

이런 식으로 이야기는 미래를 상상하는 것과 만들어나가는 것 사이의 기준점 역할을 한다. 미래로 나아가는 여정의 무대를 꾸미고 과거, 현재, 미래를 연결하는 길을 표시하는 지도를 만드는 데 도움을 준다. 그렇지만 그 미래에 도달하는 방법까지 제공하는 것은 아니다.

그 방법을 찾아내기 위해, 우리는 인류가 수천 년 동안 개발하고 키워온 또 다른 능력인 발명에 주목해야 한다.

30

발명

　구글에 '이상한 발명품'이라고 검색해보자. 당신은 인간이라는 종족이 우리가 상상하는 미래를 가장 이상한 장치로 채울 수 있는 무한한 능력을 가진 종이라는 것을 금세 알게 될 것이다. 커피 잔 기능을 하는 다리미나 피자를 자르는 가위 없이는 살 수 없다고 느끼는 사람들이 있다는 사실이 놀랍기만 하다.

　이러한 발명은 대부분 뒤틀린 상상력의 산물이다. 그럼에도 이 발명품들은 현재와 다른 미래에 관한 이야기를 만들어내고 아직 존재하지 않는 온갖 물건들로 미래를 채우는 우리의 능력을 보여준다.

　발명은 현재와 미래를 연결하는 다리를 건설하여 문제를 해결하는 우리 능력의 필수적인 부분이다. 이 발명품 중 몇 가지는 하찮아 보일지도 모른다. 피자 가위를 발명한 사람은 과연 피자 가위가 없는 미래가 비극이라고 생각했을까? 하지만 그 모든 발명품도 풍부하고 다양한 독창성의 '원초적 상태'에서 출발한다.

유기체가 미래에 적응하기 위해 자연선택으로 유전적 돌연변이를 제공하는 것처럼, 인간이 발명하는 성향 역시 끊임없이 변화하는 세계에서 미래를 향한 가시적인 경로를 구축할 수 있도록 물질적인 변이를 제공한다. 발명품 대부분은 결국 도태되고 말겠지만 적시에 나타난 적절한 발명품은 판도를 바꿀 수 있다.

결과적으로 우리 세계는 깊고 넓은 발명의 기초 위에 세워졌다. 바퀴, 불을 사용하는 방법, 벽돌, 볼 베어링, 볼펜, 베이글, 에스프레소, 자동차, 노트북 등 현대 생활은 누군가 '만약에'라는 질문을 던지면서 미래에 채워야 한다고 생각한 발명품 모양의 구멍을 상상했던 과거의 살아있는 기록이다.

이러한 발명 능력은 미래에 대한 감각과 미래가 무엇인지 스스로 이야기할 수 있는 능력을 우리가 자연스럽게 확장한 것이며, 지금은 마음속에만 존재하는 미래를 창조할 수 있다는 믿음의 도약을 나타낸다. 그리고 마치 유전적 돌연변이처럼 엄청난 가능성을 만들어낸다.

발명은 수만 년 전 수렵과 채집으로 생활하던 인간을 농부와 도시 거주자가 되게 한 원동력이다. 과학자가 주변 세계를 탐험하는 새로운 도구를 발명하고 아이디어를 공유하는 새로운 방법을 개발하면서 계몽주의가 촉발되었다. 그리고 물과 증기의 힘을 활용하는 방법을 학습하면서 산업혁명이 시작되었다. 발명은 우리에게 녹색혁명, 디지털 혁명, 소셜미디어 혁명을 일으키게 했고 점점 더 복잡한 미래를 향해 점점 더 빠른 속도로 몰아가고 있다.

그러나 발명 자체는 다소 비효율적인 변화의 엔진이다. 무작위로 발생하는 유전자 돌연변이처럼 발명은 우리가 변화에 탄력적으로 대응할 수 있도록 문제를 해결하는 선택지와 가능성으로 이어진다. 하지만 이는 자연선택처럼 느리다. 발명이 우리가 원하는 만큼 빠르게 원하는 미래를 만드는 데 도움이 되려면 더 빠른 속도가 필요하다. 그리고 이것은 발명과 사촌지간인 혁신을 위한 장을 마련한다.

31

혁신

2003년 《와이어드Wired》지는 미국에서 가장 중요하면서도 남용되는 단어로 "혁신"을 선정했다. 그러나 이 잡지의 편집자들은 아직 아무것도 보지 못했다는 사실을 깨닫지 못했다.

현대사회에서 혁신이 가장 중요한 것처럼 보일 때가 있다. 일이 순조롭든 그렇지 않든 우리는 혁신해야 한다는 소리를 듣는다. 학생들에게는 혁신가가 되어야 한다고 교육한다. 기업은 혁신하지 않으면 도태된다고 말한다. 정부는 충분히 혁신적이지 않을지 모른다는 두려움에 초조해한다. 예술가와 디자이너들은 지금까지 창의적으로 해왔던 노력이 충분하지 않은 것처럼 더 혁신해야 한다는 말을 듣는다.

이러한 말을 들으면서도 사람들은 대부분 혁신이 무엇인지 명확하게 설명하지 못한다.

혁신이 곧 변화라거나, 무언가 다르게 하는 것을 의미한다고 생각하는 경우가 너무 많다. 하지만 가능한 빨리 더 나은 미래를 만드는 것을 목표로 삼는다면, 이런 생각은 위험하다. 여행을 시작하는 데 지도를 버리고 방향보다 속도를 중요하게 생각하는 것과 같다.

성공적인 여정이 특정 목표를 향해 올바른 방향으로 나아가는 것을 의미하는 것처럼, 진정한 혁신은 자신이 나아가고자 하는 방향과 그 이유, 그리고 그 과정에서 수반되는 모든 변화를 파악하는 것을 뜻한다.

내가 생각하는 혁신의 가장 유용한 정의 중 하나는 창의적인 아이디어를 다른 사람들도 충분히 투자할 가치를 느끼는 제품과 프로세스로 바꾸는 것이다. 나는 학생들에게도 이렇게 가르친다. 이것은 창의성과 변화의 중요성을 포함하는 혁신의 의미이다. 그리고 누군가 시간이나 돈, 노력을 기꺼이 투자할 만큼 충분히 중요한 것을 달성할 수 있다고 여겨질 때만 가능하다.

오늘날 기술 트렌드 변화를 가장 크게 주도하는 것은 규율이 없는 창의성이나 방향 없는 발명이 아닌 초점을 맞추고, 목표를 두고, 목적이 있는 변화를 이용한 혁신이다. 컴퓨터와 데이터 처리의 발전, 머신러닝 시스템과 인공지능의 등장, 유전자 편집, 개인 맞춤 의료, 스마트 시티 등은 모두 가능한 미래를 상상하고 건설하기 위해 창의력을 활용하는 우리 능력의 직접적인 결과다.

혁신은 양날의 검과 같아서 우리가 발전할 때마다 의도하지 않은 결과가 셀 수 없이 발생하여 사회 전체와 미래 세대에 파문을 일으키기 시작한다. 하지만 우리가 올바르게 이해하면 혁신은 미래 건설 포트폴리오에 강력한 역할을 할 수 있다. 그러나 혁신만이 그런 역할을 하는 것은 아니다. 가장 성공적인 혁신은 우리가 상상하는 미래라는 더 큰 그림에 맞는 것이어야 한다. 그리고 이것은 점점 더 디자인의 원칙에 의해 인도되고 통제된다.

32

디자인

1984년 1월 24일, 애플 컴퓨터Apple Computer의 공동 설립자인 스티브 잡스는 캘리포니아의 데 안자 대학De Anza College에서 역사를 바꿀 무대 위에 올랐다. 이 행사는 바로 대망의 매킨토시 128kMacintosh 128k 개인용 컴퓨터 출시 행사였다.

가장 기억에 남는 광고 중 하나로 손꼽히는 매킨토시는 혁신과 디자인을 훌륭하게 융합했고, 개인용 컴퓨터의 미래를 바꾸어놓았다. 그리고 그 컴퓨터에는 우리가 전자 기기를 사용하는 방식에 훨씬 더 큰 영향을 미칠 작은 부속 장치가 붙어 있었는데, 그것이 바로 컴퓨터 마우스였다.

오늘날 스마트폰과 태블릿의 터치패드와 터치스크린이 마우스

2장 고유한 인간

를 대체하기 시작했다. 하지만 1984년부터 2000년대 초반까지는 마우스가 컴퓨터 인터페이스의 핵심적인 역할을 했다. 마우스는 '디자인 사고'로 알려진 혁신과 디자인의 특별한 조화 덕분에 성공했다.

디자인 사고는 아이디어를 빠르게 만들어내고 테스트하는 반복적인 과정의 중심에 인간을 세우는 방식으로, 일회용컵 디자인에서부터 고급 기술이 관리되는 방식까지 모든 분야에 적용한다. 수십 년 전부터 이런 방식이 사용되었지만, 디자인 사고의 개념은 팔로알토Palo Alto 사의 디자이너인 딘 호비Dean Hovey와 데이비드 켈리David Kelley에 의해 대중화되었다.

1991년 호비와 켈리는 세계에서 가장 성공적이고 영향력 있는 디자인 회사 중 하나이자 디자인 사고를 널리 알리는 역할을 한 아이데오IDEO를 설립했다. 그러나 IDEO가 출범하기 전에도 호비와 켈리는 혁신적인 디자인을 함께 작업하고 있었다. 아마 그중 가장 영향력 있었던 작품은 1984년 스티브 잡스와 함께 무대에 선 마우스였을 것이다.

애플 마우스의 이야기는 디자인과 혁신, 미래가 얼마나 깊이 서로 연관되어 있는지를 보여준다. 미래로 향하는 길을 혁신하기 위해서는 다른 사람에게 가치 있는 것에 새로운 디자인을 적용해야 한다. 우연이 아닌 의도에 의한 디자인은 미래를 유용한 방향으로 변화시키는 우리의 능력을 크게 성장시킨다. 그뿐만 아니라 디자인 사고는 혁신에 매우 인간적인 요소를 접목시킨다. 혁신에 앞장서는 사람들이 무엇을 만들 수 있는지, 그리고 그것이 다른 이들의 삶의 질을 어떻게 향상시키고 영향을 미칠 수 있는지 생각해보게 한다.

이러한 혁신을 사용하며 삶에 영향을 받는 사람들에게 디자인의 인간 중심적인 측면은 혁신의 가치를 높이는 역할을 한다. 그리고 이러한 측면은 미래에 얻는 것보다 잃는 것이 많을지도 모르는 강력한 기술을 개발할 때는 더욱 중요하다. 그래서 디자인 사고는 예측이나 궁극적인 통제가 불가능한 미래에 대한 겸손함이 필요한 부분이기도 하다.

이것은 '사악한 문제'와 연관된 문제가 디자인 사고와 융합되는 방식에서 볼 수 있다. 호르스트 리텔Horst Rittel과 멜빈 M. 웨버Melvin M. Webber는 미래가 얼마나 예측할 수 없는지를 비추어 1973년 사악한 문제라는 용어를 만들었다. 사악한 문제는 파악하기 어렵기 때문에 해결하려 할수록 문제의 본질이 바뀌어버리는 문제를 말한다. 이는 본질적으로 해결할 수 없는 문제인데, 여기서 우리가 할 수 있는 최선은 끊임없이 변화하는 목표로 나아가는 길에서 임시로 해결하는 방법을 개발하는 것이며, 이것에는 결국 설계에 유동적으로 접근하는 고유한 방식이 필요하다.

리텔과 웨버는 처음에 사회정책 계획에 집중했다. 하지만 그들이 아이디어를 알린 이후 우리가 사는 세상은 특히 사람이 관련된 곳에서 사악한 문제가 지배하는 부분이 많다는 것이 점점 더 분명해졌다.

디자인 사고는 미래 건설에 접근하는 방식에서 이러한 '사악함'을 인지한다. 이것은 사람이 연관된 일에서는 무언가 바로잡는 것이 거의 불가능에 가깝다는 것을 반영하는 매우 현실적인 과정이다. 대신 현재 가장 옳은 방향으로 나아가게 하며 변화하는 풍경에 적응할 수 있도록 경로를 구축하는 방법을 권장한다.

혁신을 영리하게 사용하고, 또 디자인 접근 방식을 요령 있게 적용함으로써 우리는 미래가 어떠할지, 그리고 어떻게 그 미래에 도달할 수 있는지 상상하는 데 있어 그 어느 때보다 더욱 능숙해졌다. 그리고 이 때문에 우리는 미래를 극적으로 변화시키는 능력을 보유하게 됐다.

물론 이 과정을 진행시키는 것은 우리가 디자인 사고를 책임감 있고 능숙하게 사용할 수 있는지 여부에 달려 있다. 그러나 우리는 불과 수십 년 전만 해도 상상 속에서만 가능했던 방식으로 미

래를 변화시킬 수 있는 경계석에 서 있다는 사실에는 의심의 여

지가 없다.

미래
건설

"내일은 내일의 소리를 들을 수 있는 자의 것이다."

_데이비드 보위(David Bowie)

33

변화

　겨우 100년 전만 해도 변화 속도는 전 세계적으로 매우 느렸고 지역사회 대부분은 이전 세대에서 경험한 거의 그대로 다음 세대에 이어졌다. 농촌사회는 수천 년은 아니더라도 수백 년 정도는 동일한 삶의 리듬에 얽매여 있었다. 혁신이 일어난 곳은 서서히 인기를 끌기 시작했다. 그리고 1900년대 초, 모든 것이 변했다.

　1959년, 영국의 작가 로리 리Laurie Lee는 한적한 코츠월드Cotswold 마을에서 자라던 어린 시절 이러한 변화를 뼛속 깊이 느꼈다. 로리는 자서전 『로지와 함께 사과주를Cider with Rosie』에서 다음과 같이 이야기한다. "내 어린 시절의 마지막 페이지는 곧 우리 마을의 마지막 페이지와 같았다. 나는 우연히도 천 년 동안 이어진 삶의 마지막을 본 세대가 되었다."

수십 년 전에 읽은 이 구절이 여전히 내 마음속에 남아있다. 많은 사람들의 삶에 현대 과학과 기술이 가져온 놀라운 변화의 시작을 보여주는 글이라고 생각한다. 현대적 혁신이 미래에 대한 우리의 관점을 얼마나 근본적으로 변화시켰는지 강조하는 것이다.

로리가 쓴 것처럼, 100년 전에는 그랬다. '말은 왕과 같았고, 거의 모든 것이 말 주변에 생겨났다. 여물, 대장간, 마구간, 목장, 우리 시대의 거리와 리듬까지. 로마 시대부터 그랬듯이, 말이 움직이는 시속 13킬로미터가 우리가 이동할 수 있는 속력의 한계였다. 시속 13킬로미터는 삶과 죽음, 우리가 사는 세상이자 감옥의 크기였다.'

그 이후로 기술은 태양계의 가장 먼 곳과 그 너머로 우리 세계를 확장했다. 자동차가 말을 대신하는 데에는 1,000년이 걸렸지만, 조잡한 자동차가 우주선으로 발전하는 데는 단 반세기밖에 걸리지 않았다. 디지털 기술은 이제 우리가 지구상의 거의 모든 곳, 심지어 그 너머로까지 원격으로 통신할 수 있게 해준다. 우리는 태양계의 가장 먼 곳으로 탐사선을 보내고, 인간을 화성으로 보낼 계획이며, 우리보다 훨씬 먼 은하계에서 일어나는 별의 탄생과 죽음을 관측하고 있다. 불과 몇 세대 전에는 미래를 향해 느리고 꾸준하게 나아갔던 행진이 기술혁신을 거치면서 최근까지 상상도

하지 못한 가능성을 달성하기 위해 끊임없이 가속하는 경주로 바꾸어놓았다. 그리고 우리 앞에 놓인 미래에 대한 인식도 바꾸어놓았다.

지난 10년 동안, 한때는 공상과학 소설이었던 것을 과학적 가능성으로 끌어올린 기술혁신이 부상했다. 그렇게 함으로써 우리가 달성할 수 있는 것에 대한 아이디어를 완전히 뒤집어놓았다. 유전자 편집의 발전은 DNA를 정밀하게 재구성하는 비밀을 알려준다. 인공지능은 우리가 과거 신성시했던 인간의 능력을 능가하는 기계를 만들어낸다. 그리고 나노기술은 주변 모든 것을 구성하는 원자와 분자에 상상할 수 없을 만큼의 능력을 부여한다.

이렇게 혁신 속도가 가속화되면서 미래에 대한 우리 비전은 꿈을 현실로 구체화하는 기술만큼이나 빠르게 변화한다. 결과적으로 우리는 상상할 수 있는 것과 달성할 수 있는 것을 계속해서 반복하는 일종의 고리를 형성한다. 그리고 그 고리는 보다시피 우리 주변 세상을 변화시킨다.

이것은 제법 영리한 과정이다. 그러나 가능한 선에서 훨씬 멀리 있는 미래를 상상하고 영향을 받기 시작하면서 기술 발전의 가속화는 우리가 꿈꾸고 원하는 미래가 도를 지나치게 할 위험이 있다.

34

가속

기술을 선도하는 일부 사람들이 미래를 예측할 때 사용하는 일종의 속임수가 한 가지 있다. 일단 특정 영역의 변화를 차트로 표시한다. 예를 들면, 컴퓨터 성능이나 DNA 염기서열 등이다. 이 때이 작업을 10의 거듭제곱을 사용해서 수행하면 차트에서는 조그마한 수직 상승도 실제로는 10배가 증가했다는 뜻이 된다. 결과적으로 상상할 수 없을 정도로 큰 가능성이 겉보기에는 매끄럽고납득 가능한 궤적으로 압축되는 것이다.

이와 같은 방식의 차트를 이용하여 미래 기술에 진정으로 변혁적인 전환점, 예를 들어 전체 게놈 시퀀싱이 휴대전화에 비밀번호를 입력하는 것보다 빠른 시점이나, 인간의 두뇌를 슈퍼컴퓨터에

업로드할 수 있는 시점, 혹은 현재 치료 방법이 없는 질병을 치료할 수 있는 지식과 도구를 갖추게 되는 시점에 언제 도달하는지 예측한다. 그리고 이 차트로 보면 10배와 100만 배의 차이도 작은 차이로 나타나기 때문에 이러한 예측은 설득력이 있으면서도 오해의 소지가 있기도 하다.

이것은 지수적인 성장 예측이다. 기술을 통해 미래를 변화시키는 우리의 기술 역량이 꾸준히 증가하는 것이 아니라 점점 가속화될 것이라고 가정한다. 일부는 어느 정도 맞는 말이다. 혁신의 속도가 여전히 증가하고 있는 영역이 많다. 컴퓨터 성능과 유전자 편집은 그저 두 가지 예일 뿐이다. 그러나 기술이 지속적으로 가속화된다는 가정을 바탕으로 미래에 지수적인 추정을 적용한다면 문제가 될 소지가 있다.

이러한 성장의 전형적인 예는 바로 무어의 법칙Moore's Law이다. 1965년 인텔Intel의 공동 창립자인 고든 무어Gordon Moore는 집적 회로에 설계할 수 있는 구성 요소가 매년 두 배씩 증가하여 컴퓨터 성능이 기하급수적으로 향상될 것이라 예측했다.

무어가 예상한 미래를 현실로 만들기 위해 반도체 산업은 열심히 노력했고 그 덕분에 무어의 예상은 대부분 맞아 들어갔다. 그러나 최근에는 각 전자 부품이 물리적으로 가능한 한계에 도달하면서 증가 속도가 느려졌다. 하지만 무어의 '법칙'이 사람들의 머릿속에 깊이 박혀 있어 당장 직면한 물리적 한계에도 불구하고 새로운 기술이 계속해서 컴퓨터 성능을 매년 두 배로 향상시킬 것이라고 믿고 있다.

불행히도 이러한 예측은 그저 상상에 불과하다. 지수적인 성장은 미래를 보는 매혹적인 방법이다. 마치 시간이 주어진다면 어떤 일이든 가능한 세상이 올 것처럼 느껴진다. 인간을 사이버 공간에 업로드한다거나, 초인적인 인간의 몸으로 부활하기 위해 냉동인간으로 보존할 가치가 있다고 하는 것 등이다. 그러나 지수적 성장을 맹신하는 것은 현재와 미래 사이의 경로가 선형적이지도 지수적이지도 않다는 사실을 간과하고 있다. 오히려 가장 예상하지 못한 곳에서 장애물과 함정이 나타나고 모든 예상을 혼란스럽게 만드는 새로운 기회는 우연히 나타나 모든 것을 복잡하게 만들어 버린다. 그리고 성능이 가속화되는 경우에도 그 성장을 계속해나갈 방향이 명확하지 않은 경우가 대부분이다.

그러나 지수적인 성장이라는 약속은 많은 사람들이 현재와 근본적으로 다른 미래를 위해 열심히 노력하도록 영감을 준다. 그리고 이것은 특히 생물학적 뿌리를 초월하는 미래를 건설하기 위해 노력하는 운동인 트랜스휴머니즘의 핵심이 된다.

35

초월

 수십억 년 동안 유기체의 미래는 자연선택 법칙과 생물학적 기초의 제약에 의해 결정되었다. 이 때문에 누군가의 내장에 앉아 있거나, 악취 나는 연못에서 놀고 있는 미생물은 자신의 미래에 그리 다양한 가능성이 존재하지 않는다는 것을 쉽게 상상할 수 있었다. 유전이라는 특성을 가진 생물학 내에서 미생물이 할 수 있는 일은 별로 없기 때문이다.

 물론 인간은 미생물을 다루는 생물학적 한계를 훨씬 능가하며 발전했다. 우리는 지능, 이성, 창의성, 현재에 존재하는 것 너머 훨씬 먼 미래를 상상할 수 있는 능력을 가지고 있다. 그러나 여전히 우리는 생물학적 유산의 한계에 묶여 있다. 우리는 태어나 수십

년을 살고, 늙고, 죽는다. 우리 존재는 우리가 얼마나 강한지, 얼마나 빠르게 이동할 수 있는지, 얼마나 똑똑해질 수 있는지, 우리가 살고 있는 환경에 얼마나 취약한지 한계를 결정하는 가능성이라는 촘촘한 거품으로 싸여 있다. 우리는 큰 꿈을 가지고 미래를 향해 나아가지만 타고난 능력의 한계에 무력화되기 일쑤다.

마음의 눈으로 볼 수 있는 진정한 미래를 살기 위해서는 현재 우리를 제한하고 있는 생물학적 거품을 벗어던지고 진화적 유산을 초월하는 방법을 찾아야 한다.

이 거품의 한계를 뛰어넘는 방법 중 하나가 바로 혁신이다. 인간의 다리보다 빠르게 이동하는 것을 상상하여 자전거와 자동차를 발명했다. 새처럼 하늘을 나는 것을 꿈꾸고 비행기를 발명했다. 다른 행성을 방문하는 것을 생각해 우주선을 발명했다. 기술혁신은 매일 꿈을 현실로 바꾸고 가능성의 한계를 확장하고 있다. 그러나 이런 발명의 중심에는 변함없이 부드럽고 연약하며, 호르몬에 의해 좌지우지되고, 지능의 한계로 비틀거리는, 충격적으로 짧은 수명을 가진 육체가 있다.

하지만 우리가 생물학적 한계를 극복하기 위해 죽음 자체를 속일 정도로 창의력과 독창성을 발휘할 수 있다면 어떨까?

2014년 미래학자 졸탄 이스트반Zoltan Istvan은 2016년 미국 대선 출마를 준비한다고 밝혔다. 이스트반이 다른 후보자들과 차별화된 점은 죽음의 불가피성을 거부한 것이었다.

이스트반은 자칭 '트랜스휴머니스트'이다. 그는 과학과 기술이 언젠가 우리를 생물학적 한계에서 벗어나 영원히 살 수 있게 해 줄 것이라 믿는다. 심지어 생물학 자체를 시대에 뒤떨어지는 것으로 여기고 뇌를 포함한 우리 몸 전체가 기계로 대체되는 미래를 상상하기까지 한다.

이스트반의 2016 대선 출마는 결국 이루어지지 않았다. 그러나 이스트반이 그린 미래는 저명한 학자와 기업가를 비롯한 많은 사람들이 여전히 공유하며 지속되고 있다. 그 미래가 조금이라도 현실적이긴 할까?

안타깝게도, 그렇지 않다.

인체의 일부를 더 잘 작동하는 기계로 교체할 수 있다고 상상하는 것은 사람의 몸이 어떻게 작동하는지 잘 모를 때 가능한 일이다. 이것은 가상의 미래를 상상하는 데는 도움이 될지 몰라도 미래를 구축할 때는 문제가 된다. 팔과 다리를 로봇으로 교체하거나 다소 지저분한 소화기관을 첨단기기로 대체하거나 최신 AI 마이크로프로세서로 느리고 흐릿한 두뇌를 강화하는 것은 상상하기 쉽다. 그리고 이것은 공상과학 작가나 트랜스휴머니스트의 꿈이기도 하다. 그러나 우리 신체의 기본이 되는 생물학을 공부하면 할수록 30억 년이 넘게 진행된 진화가 지금까지 달성한 것만으로 얼마나 대단한지만 깨닫게 될 뿐이다.

우리는 스스로를 약하고 지저분하고 수명이 짧은, 한계에 부딪힌 사람이라고 생각할지도 모른다. 그러나 과학자들이 여전히 연구하고 있는 우리 몸은 우리가 겨우 이해하기 시작한 정교한 슈퍼 머신이다. 우리가 아직 이해조차 하지 못한 것을 심지어 향상시킬 수 있다는 생각은 너무 순진하다.

그러나 우리가 더 영리해지고, 강해지고, 수명이 길어지는 미래에 대한 꿈은 우리가 만들어나가는 미래에 지대한 영향을 미친다. 트랜스휴머니스트의 순진한 생각에도 불구하고 그 비전은 이미 혁신에 앞장서는 사람들이 가능성의 경계를 넘도록 영감을 주고 있다. 그러면서 로봇 팔, 3D 프린터로 만든 장기에서부터 두뇌와 컴퓨터 간 통신이나 기타 여러 분야에 이르기까지 기술 발전은 대부분의 사람들이 몇 년 전 예상했던 것보다 훨씬 더 빠르게 가속화되며 미래를 적극적으로 변화시키고 있다.

나는 트랜스휴머니스트가 말하는 미래의 가치나 가능성에 회의적인 입장이지만 그 아이디어와 관련된 변화가 가속화되는 속도를 보면 감명을 받지 않을 수 없다. 그리고 우리가 기술 중심의 미래를 만들기 위해 그 어느 때보다 열심히 노력하면서 결국 이것이 어떤 결과로 이어질지 생각하면 무척이나 흥미롭다. 이것은 많은 트랜스휴머니스트의 상상의 중심에 있는 미래로 우리를 인도하고, 우리가 다음에 일어날 일을 예측하지 못하는 지점으로 향하고 있음을 예측하는 것이다. 우리가 함께 만들어가는 미래에 이와 같은 지점을 우리는 '특이점'이라 부른다.

36

특이점

2006년 공학자이자 미래학자이면서 트랜스휴머니스트인 레이 커즈와일Ray Kurzweil이 베스트셀러『특이점이 온다』를 출간했다. 커즈와일이 가장 먼저 미래 인류의 기술적 구심점을 설명한 사람은 아니지만, 이 아이디어를 대중화하는 데 큰 영향을 미쳤다.

커즈와일은 인간이 생물학적 기원을 초월하는 것은 시간문제라고 믿었다. 컴퓨터에서부터 생명공학에 이르는 기술의 지수적 성장곡선을 연구하면서 그 시기를 추정했는데, 대부분의 사람들이 예상했던 시기보다 훨씬 빨랐다.

커즈와일이 추정한 바에 따르면 지금으로부터 40~50년 안에 인공지능이 크게 발전하여 기계가 스스로 더 강력한 기계를 발명하고 구성할 수 있는 지점에 도달하게 될 것이다. 그리고 차례로 훨씬 더 강력한 지능형 기계를 설계하고 구축할 것이고, AI의 능력이 하룻밤 사이 '폭발'하여 인간의 지능을 능가하는 지점에 도달할 때까지 더욱 빠르게 진행될 것이다.

이것이 트랜스휴머니스트를 비롯한 사람들이 '특이점'이라 부르는 지점이다. 그들은 블랙홀에 의해 생성된 물리적 '특이점' 주변의 중대한 전환점 너머를 보는 것이 불가능한 것과 마찬가지로 이 기술적 특이점의 반대편에 무엇이 있는지 보는 것이 불가능하다고 주장한다.

이와 같은 기술적 전환점이 발생하면 미래를 예언했던 모든 말은 주워 담아야 한다. 우리의 마음, 예지력, 수십억 년에 걸쳐 진화된 본능과 지성, 창의성은 가속화되는 기술 발전 너머를 내다보는 데는 거의 도움이 되지 않은 셈이다. 오히려 이 때문에 그 너머에 있는 가능성을 보지 못했을지 모른다.

다행히 기술적 특이점이라는 개념 자체가 추상적이며, 기술적 특이점이 오지 않을 미래를 상상해볼 여지도 충분하다. 여러 가지로 생각해볼 수 있는 재미있는 지적 아이디어이다. 그러나 특이점을 그저 흥미롭긴 하지만 가능성이 낮은 일 이상으로 여기기에는 그 이면에 내장된 막연한 가정이 너무 많다.

이를 통해 우리는 안도의 한숨을 쉬고 더 그럴듯한 미래를 고려하면서 시간의 모퉁이를 둘러보는 일상적인 작업을 계속할 수 있다. 그러나 우리가 특이점 이야기를 끝내기 전에 해결해야 할 한 가지 측면이 있다. 모르는 게 약이라고 하지만, 바로 우리가 이미 특이점을 경험했고 우리 모두가 엄청나게 복잡한 컴퓨터 시뮬레이션의 가상 플레이어에 지나지 않을지 모른다는 가능성이다.

37

시뮬레이션

미래의 어느 시점에는 살아있는 경험을 매우 그럴듯하게 시뮬레이션하여 가상현실과 진짜 현실을 구분하는 것이 불가능해질지도 모른다는 가능성을 상상해보면 무척 흥미롭다. 일론 머스크Elon Musk와 스티븐 호킹을 포함한 일부 사상가는 언젠가 이런 일이 가능하다고 믿는다. 어떤 사람들은 이미 일어났다고 믿기도 한다.

우리 모두가 광범위한 컴퓨터 시뮬레이션 속에 살고 있다는 이론은 트랜스휴머니즘, 그리고 특이점과 관련이 있다. 이 이론을 믿는 사람들은 우리가 현실을 사이버 공간으로 복제하는 데 너무 능숙해져 우리가 만드는 가상현실이 진짜 현실보다 더 좋아지는 것은 시간문제라고 주장한다. 이렇게 되면 과거 어느 시점에 누군가 이것을 가능하게 할 만큼 강력한 컴퓨터를 만들어 어떤 대단한 컴퓨터 게임에 정해진 과거와 예정된 미래에 우리 모두를 가두었다 해도 고개를 끄덕일 수밖에 없다.

눈치챘겠지만 이 논리에는 한두 가지 오류가 있다. 첫째로, 현실과 구분할 수 없는 수준으로 섬세하게 우주를 시뮬레이션하려면 현재 현실에 존재하는 것보다 더 큰 힘과 더 많은 자원이 필요하다. 이것이 가능하다 해도 또 다른 문제에 직면한다. 물리적 현실과 구분할 수 없을 정도로 좋은 시뮬레이션 속에 살고 있다면, 그것이 중요한가?

우리가 어떻게든 코드를 해킹해서 현실에서 일어나는 일을 바꿀 수만 있다면, 그렇게 할 것이다. 이것은 시뮬레이션 시나리오에서만 가능한 꿈, 혹은 악몽일지도 모른다. 그리고 우리 주변 모든 것이 컴퓨터 코드에 불과할 가능성은 우리가 미래를 생각하는 방식을 바꾸고 심지어 미래의 본질을 탐구하는 방식까지 바꾸어 버릴 수도 있다.

우리가 알고 경험하는 모든 것이 어떤 컴퓨터에서 실행되는 코드에 의해 결정된다면, 코드를 다시 작성하고 우리 삶을 정의하는 규칙을 바꿀 수 있어야 한다. 그런 미래에는 영원한 삶이나 초인적인 힘을 얻는 것이 코드만 간단히 변경하면 가능한데, 왜 첨단

기술이 필요하겠는가? 하루의 길이를 조정하거나 빛의 속도보다 빠르게 여행하는 경우도 마찬가지이다. 우리가 모두 시뮬레이션 속에 존재한다면 가난과 질병을 없애면서 동시에 행성과 행성 사이 여행, 순간이동, 식품 복제를 하지 못하도록 막는 것은 무엇인가?

이런 방식으로 우리가 시뮬레이션 속에 살고 있다는 이론은 우리가 미래에 대해 생각하는 방식에 영향을 주기 시작한다. 그리고 아이디어는 잘못된 희망을 불러일으키고 순진한 피해자를 낳기 때문에 위험하다. 그러나 아마도 가장 큰 문제는 그렇게 정교한 시뮬레이션에서 일관성의 한계에 도달하는 것이다.

간단한 시뮬레이션에서 물리법칙은 쉽게 무시당하고 만다. 내부적인 법칙이 일치하지 않아 결함으로 이어질 경우, 더 쉽게 무시된다. 시뮬레이션은 조잡하고 비현실적으로 겨우 작동한다.

시뮬레이션이 복잡할수록 충돌이나 중단을 방지하기 위해 내부 일관성이 더욱 중요해진다. 물리법칙과 마찬가지로 행동의 기본 법칙을 정해야 하고, 개입의 효과가 가상현실에 퍼지면서 그 법칙을 바꾸거나 파괴하는 것이 점점 더 어려워진다. 결국, 기본 법칙을 약간만 바꾸려 해도 전체 시스템이 충돌하지 않게 하려면 감당하지 못할 정도로 큰 처리 능력이 필요한 지점에 도달한다.

이 시점에서 시뮬레이션은 심지어 시뮬레이션을 뒷받침하는 법칙의 불변성까지도 더 이상 현실과 구별할 수 없게 된다. 결국 우리가 완벽한 시뮬레이션 속에 살고 있다 해도 우리는 결코 알 수 없을 것이다.

실제로 우리가 시스템을 해킹하는 방법만 알면 미래를 바꿀 수 있는 시뮬레이션 속에 살고 있다는 상상은 흥미롭다. 하지만 이러한 생각은 공상과학 소설의 세계에 맡기는 편이 가장 좋을 것이다. 그럼에도 관심을 끌 만한 아이디어 중 하나는 미래를 해킹한다는 것이다. 일부 가상 시뮬레이션을 지배하는 코드를 다시 작성하는 것이 아니라, 우리 주변의 과거와 미래를 하나로 묶는 매우 현실적인 '코드'를 다시 작성하는 것이다.

38

해킹

1975년, 당시 스탠퍼드 대학교 컴퓨터공학 박사과정 학생이었던 라파엘 핀켈Raphael Finkel은 『자곤 파일Jargon File』의 첫 번째 버전을 출간했다. 『자곤 파일』은 MIT, 스탠퍼드 등의 기술 커뮤니티에서 사용하는 해커 전문용어 모음집이었고, 개정을 거듭하며 해커 문화의 비공식 바이블이 되었다.

해킹이라고 하면 컴퓨터 시스템에 치명적인 해를 입히려 하는 악성 코더가 떠오른다. 우리는 해커가 컴퓨터 네트워크를 중단시키기 위해 분산 서비스를 방해하는 공격을 하거나, 선거를 조작하려고 시도하거나, 개인용 컴퓨터를 바이러스나 악성 코드에 감염시키는 이야기를 좋아한다. 그러나 이런 이야기는 미래를 바꿀 수

있는 참신하고 재미있는 아이디어로 가득한 해커들의 커뮤니티에
해를 끼치고 있다.

『자곤 파일』의 현재 버전에는 '해커'의 정의가 여덟 가지나 나와
있으며 그중 하나만 나쁜 의미를 담고 있다. 책에 따르면 해커는
프로그래밍(혹은 코딩)을 즐기는 사람, 문제 해결 자체를 높이 평가
하는 사람, 프로그래밍 속도가 빠른 사람, 열정적인 사람, 그리고
'창의적으로 한계를 극복하거나 피해가는 지적 도전'을 즐기는 사
람이다.

이러한 해킹의 개념은 점점 코딩 분야뿐 아니라 다양한 곳에서
사용되고 있다. 기후변화에 대응하기 위한 차세대 로봇 개발 등 다
양한 도전 과제를 '해킹'하기 위해 학생 및 여러 사람들이 24시간
동안 모여 작업하는 해커톤Hackathon 행사도 대학을 비롯한 여러 곳
에서 개최되고 있다. 소규모로 생물과 생명과학을 연구하는 DIY
생물학자들은 살아있는 유기체를 '해킹'하는 방법을 배운다. 트랜
스휴머니스트는 다양한 기술로 자신의 몸을 '해킹'한다. 그리고 점
점 더 많은 사람들이 일상생활에서 '해킹'을 실험하고 있다.

해킹의 정신은 점점 모든 시스템에 적용되고 있으며, 이를 가지
고 놀면서 더 빠르거나 좋게, 혹은 그저 다르게 작동하도록 만들
수 있다. 그리고 이러한 경향의 기저에는 미래를 정의하는 기본

'코드'만 변경하면 미래를 변경할 수 있다는 아이디어가 깔려 있다. 이 코드는 0과 1로 구성된 컴퓨터 코드이거나, 생물학적 유기체의 DNA, 또는 기타 무수히 많은 복합물질이거나, 현재와 미래 사이 경로를 구성하는 원인과 결과 사이로 연결된 실일 수도 있다.

실제로 현대의 해킹은 미래를 재설계하기 위해 현재를 다시 코딩하는 것을 말한다. 미래가 어디로 가는지 통제하는 능력, 그리고 원하는 방향으로 미래를 이끌어갈 수 있다는 우리의 자신감이 반영된 추세다. 그리고 유전자 편집, 나노기술, AI, 심지어 행동과학과 같은 기술의 등장으로 해커의 도구는 빠르게 확장되고 있다.

인터넷 연결, 몇 가지 기본적인 자원, 약간의 모험심, 그리고 충분한 인내심 덕분에 정식 교육을 받지 않은 사람도 미래에 해커가 될 수 있는 환경이 만들어졌다. 그리고 점점 더 많은 사람들이 자신의 미래와 주변 사람들의 미래를 해킹할 수 있게 되면서 나는 일종의 해방감을 느낀다고 고백한다. 그러나 이러한 증가 추세는 책임감 있는 해킹과 그렇지 않은 해킹을 어떻게 구분해야 하는지 질문을 던지기도 한다. 그리고 이 질문에 대답하기 더욱 어렵게 만드는 것은 서로 깊이 연결된 복잡한 세계에 적용해야 한다는 도전 과제이다.

39

복잡성

2012년 7월 31일, 역사상 가장 큰 정전 사고가 인도 북부를 휩쓸었다. 정전은 마디아 프라데시Madhya Pradesh 주의 전력선 하나에 과부하가 발생해 끊기면서 시작되었다. 몇 분 안에 전력망이 중단되기 시작했고, 시스템은 차례차례 망가졌다. 결국 6억 명이 넘는 사람들이 전기 없는 미래에 직면하게 되었다.

인도에서는 정전이 그리 드문 일은 아니지만, 2012년 당시 정전으로 영향을 받은 사람들의 수는 전력 공급망 같은 복잡한 시스템의 예측 불가능성을 여실히 드러냈다. 다른 곳의 네트워크도 마찬가지겠지만 인도 북부 발전소, 송전소, 분배망의 복잡한 구조에 예측하지 못한 일들이 일어나 시스템을 한계로 몰아넣으면서 수 요와 공급 사이 균형을 정밀하게 맞추어야 했다. 그리고 모든 복잡한 시스템이 그렇듯 정상적인 상태와 장애 상황 사이 경계를 찾기는 매우 어렵다.

공을 던지는 것과 같은 예측 가능성과 달리 복잡한 시스템은 예측 불가능성에 의해 정의된다. 복잡성은 원인과 관련해 우리가 알아야 하는 모든 것을 알고 있음에도 불구하고 원인과 결과 사이의 실을 꼬이게 하여 미래 결과를 예측할 수 없을 정도로 복잡하게 만드는 것을 말한다. 미래가 원인에 의한 결과라는 사실에도 불구하고 복잡성은 그사이 경로에 대한 우리 생각을 확신할 수 없게 만든다.

원인과 결과 사이 연관성을 완전히 파악하여 진화적 뿌리를 초월하도록 배운 종에게 이것은 불쾌한 일이다. 우리가 어떻게 미래와 연결되어 있는지, 어떻게 미래를 설계하고 구축할 수 있는지 우리가 이해하게 된 모든 것에 반기를 들기 때문이다.

수학자이자 기상학자였던 에드워드 로렌츠Edward Lorenz는 복잡한 시스템과 혼란스러운 성질에 대한 통찰력을 제공했다. 로렌츠는 날씨를 예측하는 데 매료되었고 자료만 충분하다면 날씨 예측이 가능할 것이라고 굳게 믿었다. 결국 그것은 물리학이었다. 로렌츠는 날씨 패턴을 연구하면서 시작 조건이 조금만 변해도 결과는 크게 달라진다는 것을 깨달았다. 아무리 노력해도 그는 초기 원인과 최종 결과 사이 명확한 직선을 그을 수가 없었다.

이것은 '나비효과'라는 용어로 널리 알려져 있는데, 세계의 한쪽에서 나비가 날개를 퍼덕이면 다른 쪽에서는 토네이도를 초래하는 사건으로 이어질 수 있다는 생각에서 비롯된 것이다. 다소 과장되었을지는 몰라도, 우리는 이제 동적 시스템이 복잡할수록 별것 아닌 것처럼 보이는 사건들의 결과를 예측하는 것이 더 어려워진다는 것을 안다. 그리고 미래를 설계하고 구축하고 해킹하기 위한 최선의 노력에도 불구하고 미래가 어떤 모습일지 예측하는 것이 불가능한 시점이 어느 순간 올 것이다.

물론 우리가 예측할 수 있는 것은 여전히 많다. 해가 언제 어디에서 뜨는지, 계절이 어떻게 흘러가는지 예측할 수 있다. 또 건강에 해로운 식습관과 음주습관이 어떤 결과를 초래하는지, 예방 접종을 하지 않은 사람들이 많아지면 어떻게 되는지도 예측할 수 있다. 그리고 인간의 활동이 환경에 미치는 부정적인 영향도 넓은 범위에서는 예측할 수 있다. 이 모든 것은 우리의 이성과 상상력, 창의성이 독특하게 결합되어 있기 때문에 가능하다. 하지만 복잡성이라는 악마는 세부적인 것들을 숨기고 있다. 미래 예측이 정밀할수록 정확할 가능성은 적어진다. 그리고 어떤 경우에는 우리가 얼마나 많이 안다고 생각하는지와 상관없이 복잡성 때문에 미래가 완전히 혼란스러워지기도 한다.

물론 우리 스스로의 탁월한 능력에 취해 이런 점을 간과하고 우리가 미래를 완전히 통제할 수 있는 것처럼 행동한다는 것이 가장 큰 위험이다.

40

오만

2003년, 미국 국립암연구소 소장이었던 앤드류 본 에셴바흐 Andrew von Eschenbach는 2015년까지 암을 없애버리겠다는 야심찬 계획을 발표했다. 이는 닉슨 대통령이 1971년 선포한 암과의 전쟁의 마지막 단계였다. 그러나 2015년이 왔고 에셴바흐의 비전은 실현되지 못한 채 지나가버렸다. 2016년 오바마 대통령은 기간 제한을 두지 않고 '우리가 아는 암을 제거하기 위한 국가 차원의 문샷 이니셔티브Moonshot initiative'를 내놓으며 판도를 바꾸었다.

암은 인간의 생명을 위협하는 사악한 살인자이며 파괴자이다. 2018년 전 세계에서 약 960만 명이 암으로 사망했으며 매년 새로운 유형의 암이 약 1,700만 건 발생한다. 여전히 심혈관 질환 덕분에 암이 사망 원인으로 1위는 아니지만, 사람들은 암을 쉽게 받아들이지 못한다. 결과적으로 과학자, 정치인, 의료인 및 기타 많은 사람들이 암을 없애는 것을 최우선 과제로 두고 있다는 사실은 놀랄 일이 아니다.

최근 몇 년 동안 진단 및 치료 기술이 크게 발전했다. 그럼에도 전 세계적으로 볼 때 암에 대한 부담감이 사람들의 기대만큼 빠르게 줄어들지는 않는 듯하다.

암과의 전쟁이 우리에게 가르쳐준 것이 있다면, 생물학은 우리가 원래 생각했던 것보다 훨씬 더 복잡하고, 복잡한 문제는 쉽게 해결하지 못한다는 것이다. 암이 작동하는 방식만 이해하면 암을 고칠 수 있다고 믿었던 오만으로, 우리는 해결책을 찾지 못하는 문제도 존재한다는 것을 어렵게나마 배웠다. 우리가 현재와 다른 미래를 상상할 만큼 영리하다고 해서 그 미래가 자동으로 굴러온다는 뜻은 아니다.

물론 미래를 건설할 때 비전과 야망은 중요하다. 우리는 현재를 색안경을 쓴 채 볼 수밖에 없지만, 그럼에도 더 나은 미래를 건설할 수 있다는 믿음이 우리를 나아가게 한다. 과한 자신감은 암을 치료하거나 가난을 없애거나 화성에 마을을 건설하는 등 때로는 가능한 것보다 더 많은 것을 성취하도록 영감을 준다. 우리의 오만함은 비록 궁극적인 목표는 모호하더라도 원하는 미래를 건설하기 위한 작지만 중요한 단계를 밟아나가도록 등을 떠민다.

그러나 원인과 결과 사이 예측할 수 없는 연결 때문에 우리가 오만함에 사로잡혀 가능한 것과 불가능한 것의 현실 앞에 눈을 감아버릴 위험이 있다.

주의하지 않는다면 오만함은 곧 잘못된 희망으로 이어진다. 우리 능력 밖의 일을 약속하도록 유혹하고 증거가 없는데도 믿게 만든다. 그리고 오만함이 만들어낸 약속을 지키지 못했을 때 희망은 너무 쉽게 의심과 낙담으로 변해버리고 이는 매우 위험하다.

미래는 원래 파악하기 어렵다. 이해하기 어렵고 예측할 수 없으며 우리 계획과는 다를 때가 허다하다. 오만함은 우리가 결코 갚지 못할 물질적, 감정적 투자를 하고 싶은 유혹으로 빠트리는 미끼가 된다.

또한 오만함은 우리가 원하는 미래를 건설하기 위해 노력할 때 무엇이 잘못될 수 있는지 비판적으로 생각하지 못하게 만들기 때문에 의도하지 않은 결과가 나올 위험이 있다. 충분한 시간과 자원을 투자하면 과학과 기술이 상상 속 미래를 현실로 바꿔줄 것이라 믿기는 쉽다. 우리가 알고 있는 최첨단 아이디어가 세상의 문제를 해결할 수 있을 것이라는 희망은 영감을 주고, 동기를 부여하며, 기분 좋은 일이다. 그러나 그러한 순진한 생각은 오만함에 숨겨진 결과가 드러나면서 파괴의 흔적을 남기게 된다. 그리고 오만함이 망상에 빠질 때 가장 분명한 흔적을 남긴다.

41

망상

2018년 4월, 마이크 휴스Mike Hughes는 집에서 만든 로켓에 매달려 500미터 이상을 날아올랐다. 그가 맡은 임무는 이 세상이 평평하다는 것을 증명하는 것이었다.

휴스는 아주 명확하고 특별한 미래 비전을 가지고 있었다. 2,000년이 넘는 역사가 만들어낸 지식이 틀렸다는 것을 폭로하고 세상이 평평하다는 것을 밝혀내고자 했다. 안타깝지만 아무리 희망적으로 생각해보아도 그가 틀렸다는 현실은 변하지 않는다. 결국 그는 실패했지만 그가 얼마나 헌신적이었는지 생각하면 감탄할 수밖에 없을 것이다. 마이크는 안타깝게도 2020년 2월 22일 로켓 발사 실패로 사망했다.

망상은 인간 심리에서 특히 더 흥미로운 부분이다. 현실과는 거리가 있는 미래를 열렬히 믿게 해준다는 점은 오만과 비슷하다. 망상은 우리 능력 중 상상력과 창의성, 그리고 우리가 이해하지 못한 부분을 우리가 꿈꾸는 것에 가장 잘 맞는 것으로 채우기 위해 지성을 사용하는 능력에 의존한다. 남의 눈에 있는 망상의 티끌을 비판하기는 쉽지만, 제 눈에 있는 들보를 보기는 훨씬 더 어렵다. 왜냐하면 우리 스스로 아무리 합리적이라고 생각해도 각자 자신만의 망상이 있기 때문이다.

우리 대부분은 이러한 망상이 지구가 평평하다고 주장하는 사람들의 수준만큼 강하지는 않다. 우리는 살고 있는 세상과 만들어나가는 미래에 대한 심리적 모델을 만드는 생물학적 경향이 있는데, 이것이 항상 현실과 일치하지는 않는다. 우리가 똑똑할수록 반대되는 증거를 무시하고 믿음을 더 정당화하기 때문이다.

물론 영감으로 만들어낸 상상과 망상은 종이 한 장 차이다. 미래를 바꾸는 우리의 힘은 현재와 다른 미래를 상상하는 능력에서 비롯된다. 그러나 상상은 현실과 분리될 때 자연스럽게 환상의 영역으로 빠지게 된다.

아이러니하게도 근거 없는 믿음은 여전히 우리 미래에 지대한 영향을 미칠 수 있다. 하늘을 날 수 있다거나, 자신이 천하무적이라고 믿는 것은 오히려 '내가 없는 미래'로 빠르게 이어질 가능성이 높다. 백신이 매우 위험하다거나, 민간요법으로 암을 치료한다거나, 기후변화가 인간의 활동과 관련이 없다는 믿음은 모두 우리가 물려받을 미래에 큰 영향을 미칠 수 있다. 우리가 망상으로부터 배우는 것은 우리가 아는 것이 곧 미래에 영향을 미치는 행동으로 이어지는 것이 아니라, 우리가 안다고 생각하는 것, 혹은 우리가 사실이라고 인식하는 것이 결국 영향을 미친다는 것이다.

3장 미래 건설

42

인식

위험을 연구하는 사람들 사이에는 '인식'이 전부라는 말이 있다.

물론 이것은 엄밀히 말하면 사실이 아니다. 조종사가 아닌 이상 비행을 얼마나 두려워하든 충돌 가능성에는 영향을 미치지 않는다. 거미공포증이나 고소공포증과 같은 공포증도 이와 마찬가지로 대상에 대한 두려움과 그 대상이 신체적 손상을 일으킬 가능성 사이에는 큰 관련이 없다.

그러나 현재 우리가 내리는 결정은 궁극적으로 우리가 상상하는 미래에 달려 있으며, 이는 놀라울 정도로 복잡하면서도 결함투성이인 두뇌가 현재를 어떻게 인식하느냐에 따라 결정된다.

우리는 우리가 현재 어디에 있고 몇 걸음 나아간 미래에는 어디에 있을지 설명하는 지도를 마음속으로 끊임없이 만들어낸다. 이 지도는 우리 주변 세계의 신호와 입력, 즉 우리가 보고 듣고 실제로 인식하는 것으로 구성되며, 우리가 알고 있는 것을 바탕으로 한다. 그리고 지식과 이해에 공백이 있는 곳은 상상력과 창의성으로 그 공백을 메운다.

결국 우리는 본능적으로 우리가 사는 세계가 미래에 어떤 모습일지 비전을 마음속으로 그린다. 그렇게 하면서 이 미래가 우리에게 고통을 줄 것인지 혹은 즐거움을 줄 것인지 계산해 추측하고, 고통을 주는 쪽은 피하고 즐거움을 주는 쪽을 포용하는 조치를 취한다. 이런 방식으로 우리가 미래에 대해 생각하고 나아가는 방식에 인식으로 색을 입힌다. 그리고 가끔 그로 인해 일이 잘못되기도 한다.

인식은 우리 앞에 위험이 닥쳤을 때 알려주어 생명을 구하는 역할을 하지만, 실제로는 위험하지 않은 일을 위험하다고 생각하도록 속일 수도 있다. 인식은 위험해 보이는 상황에 대처하는 방식에 영향을 준다. 증거와 상관없이 우리가 더 안전하다고 믿는 제품을 선호하게 만든다. 그리고 그것은 우리가 누구를 신뢰하고 누구를 신뢰하지 않을지 결정하는 데 도움을 준다.

이 때문에, 더 나은 미래를 설계하고 건설하는 우리 능력은 인식과 현실이 다를 때를 인지하고 그럴 때 방향을 수정하는 능력에 달려 있다. 가능한 일이지만, 훈련이 필요한 일이기도 하다. 그리고 상황을 더 어렵게 만드는 것은, 현실에 대한 우리 인식이 실제로는 잘못되었는데도 옳다고 믿도록 속이는 것이 점점 더 쉬워지는 세상에 살고 있다는 점이다.

43

속임수

미래를 인식하고 미래를 향한 경로를 구상하는 방법은 현재 우리가 처리할 수 있는 정보에 의존한다. 경험한 것과 목격한 것, 들은 것, 사실이라고 믿는 것을 기반으로 미래 모델을 개발하는 것이다.

하지만 우리가 열망하는 미래를 구축하고 있는 현실이 사실은 가짜라면 어떨까?

속임수 기술은 박수칠 만한 것은 아니지만 오랜 역사를 가지고 있다. 상상력과 창의성을 발휘할 수 있게 된 이후 우리는 다른 사람들을 속이기 위해 또 다른 현실을 만들어낸다. 사기꾼, 마케터, 정치인, 소시오패스는 모두 그들의 목적을 달성하기 위한 미래에 우리가 투자하도록 설득할 때 우리의 한계를 활용한다. 그리고 그 미래는 우리에게 필요가 없다.

이들은 속임수의 대가인 '가짜 미래' 학자들로서 장사에 뛰어나다. 고맙게도 우리 대부분은 속임수를 탐지하는 섬세한 안테나를 하나씩 가지고 있다. 그런데 기술이 이에 도전하기 시작했다.

지난 몇 년 동안 '딥페이크'라 불리는 기술에 대한 우려가 커지고 있다. 딥페이크란 실제와 거의 구별할 수 없을 정도로 사실적으로 말하고 행동하는 사람들로 제작된 영상이다.

영화에서도 사실적인 장면을 컴퓨터로 생성하는 기술을 사용하지만, 우리는 소셜미디어나 스마트폰에서 본 영상을 신뢰하는 경향이 있다. 우리는 이것이 현재의 진실과 더 나은 내일을 향한 길을 알려준다고 받아들인다. 그러나 이러한 신뢰할 수 있는 정보의 출처가 손상된다면, 미래에 대한 우리의 비전은 어디에 남겨질까?

물론, 정치인이 평소 성격과 다른 행동을 하는 영상을 보면 그 배후에 누군가 있을 가능성을 쉽게 알아챌 수 있다. 그러나 우리가 가짜를 알아채지 못할 정도로 정교하게 만들어진 딥페이크는 어떠한가? 예를 들어 가짜 시위나 경찰의 잔혹성을 보여주는 영상, 테러리스트 활동 영상으로 인해 미래에 대한 인식이 잘못될 수도 있지 않은가? 우리가 피해야 할 디스토피아적 미래를 향해 가고 있다고 마음속으로 믿고 있다면, 궁극적으로 수혜자가 되는 딥페이커가 제시하는 미래 비전에 우리는 얼마나 쉽게 속아 넘어 갈까?

쉽게 결론을 내리기 전에 여러 정보를 찾는 기술과 같이 그러한 가짜로부터 자신을 보호하는 법을 배우는 것만이 희망이다. 그러나 이러한 예방 조치에도 불구하고 속임수는 우리가 열망하는 미래와의 관계를 더 광범위하게 위협한다.

3장 미래 건설

44

위협

2018년 말, 살 파르사Sal Parsa와 조엘 시모노프Joel Simonoff는 부모가 괜찮은 베이비시터를 찾도록 해주는 서비스를 시작했다. 앱 프리딕팀Predictim은 소셜미디어 기록을 기반으로 AI를 사용하여 후보자를 분석하여 베이비시터를 얼마나 신뢰할 수 있는지 평가했다.

프리딕팀은 겉보기에는 좋은 아이디어처럼 보였다. 부모라면 누구나 아이를 잠재적 위협으로부터 보호하기 위해 최선을 다하고 싶어 하기 때문이다. 그러나 서비스가 입소문을 타면서 기계가 베이비시터를 부당하게 조사하고 평가한다는 우려가 커졌다. 앱의 위험 등급의 타당성과 적절성에 대해 상당한 우려를 제기한 〈워싱턴 포스트Washington Post〉의 기사가 나온 이후, 프리딕팀은 결국 시장에서 퇴출되었다.

프리딕팀의 이야기는 현재와 미래 사이에서 가치 있는 것이 위협받을 때 그 길이 어디까지 험난해질 수 있는지 보여준다. 프리딕팀의 의도는 자녀들의 밝은 미래를 향한 여정을 방해하지 않도록 보호자에게 서비스를 제공하여 아이들을 보호하는 것이었다. 그러나 이로 인해 베이비시터의 존엄과 생계는 위협당했고, 이것이 결국 서비스가 사라지는 원인이 되었다.

우리가 소중히 여기는 것에 대한 위협은 미래가 어떻게 전개되는지에 강력한 영향을 미친다. 우리는 건강이나 우리가 사는 환경에 대한 위협을 생각하는 데는 익숙하다. 그러나 우리가 내리는 결정은 소중하다고 여기는 훨씬 더 많은 항목에 대한 위협의 영향을 받는다. 여기에는 자존감, 사회적 수용, 존엄성, 사회적 정의, 윤리적 행동, 자신의 삶을 통제할 수 있는 능력 등이 포함된다. 이 항목들은 숫자로 표시할 수 없는 것이 대부분이라 간과하기 쉽다. 그러나 이러한 위협이 우리가 현재 서 있는 위치와 우리가 원하는 미래 사이 풍경을 어지럽힌다. 우리는 위협을 무릅쓰면서 그들을 간과하는 것이다.

이렇게 쉽게 간과하는 위험을 '고아 위험'이라는 이름으로 부른다. 이는 현재와 미래 사이에 있는 위험으로, 굳이 찾아보면 보이

3장 미래 건설

지만 그렇게 주의를 기울일 만큼 중요하지 않다고 간주하여 쉽게 무시당하는 위험을 말한다. 프리딕팀의 기술이 만들어낸 사회적 위험을 제대로 인식하지 못해 결국 회사가 실패한 것처럼 결국 우리를 넘어지게 만들 것이다.

고아 위험은 우리가 중요하게 여기는 대상, 신념, 권리 및 열망 등 다양한 곳에서 나타난다. 그리고 대부분 우리가 누구이고 어떤 사람이 되고자 하는지에 대한 감각에 뿌리를 두고 있다. 가장 파괴적인 위험은 당신이 누구인지 때문에 당신이 원하는 미래를 거부당하는 것이다. 가치를 위협하는 것은 우리가 노력해서 발견하고 탐색하는 방법을 배울 수 있다. 하지만 그렇게 하지 않는다면 그 위험은 우리가 가는 길 위에서 항상 기다리고 있을 것이다. 그리고 프리딕팀이 그 대가를 치렀던 것처럼 가장 예상 밖의 순간에 나타나 기습적으로 공격할지도 모른다.

45

기습 공격

기습 공격에 대한 이야기는 대부분 이렇게 시작된다. "전혀 눈치채지 못했어." 연인 사이의 이별이든, 교통사고든, 운동경기에서 예상치 못한 작전이든, 기습 공격은 미래를 향한 여정에서 우리를 넘어뜨리고 놀라게 한다.

기습 공격은 복잡한 세상에서 살아가는 삶에 늘 함께한다. 미래가 어떻게 펼쳐질지 상상하는 그림과 다음 순간 일어날 일을 알지 못하는 차이에서 발생하는 것이다. 그리고 우리가 미래를 향해 용감하게 나아갈 때 피할 수 없는 부분이기도 하다.

이 중 어느 것도 덜 고통스럽지는 않다.

기습 공격은 아주 개인적일 수도 있다. 하지만 프리딕팀에서 보앗듯 비즈니스 및 다른 조직에도 영향을 미친다. 정치인은 아마 정치에 발을 담근 순간부터 이것을 알고 있을 것이다. 특히 정치적 지형을 잘못 파악하여 고통받는 정치인이라면 더욱 그렇다. 그리고 많은 기술 회사가 발견하고 있듯이, 서로 매우 복잡하게 연결되어 있는 세계에 새로운 기술을 도입할 때 현재와 미래를 잇는 길에는 예상치 못한 순간에 굴곡이나 포트홀, 낭떠러지가 찾아오며 점점 더 불확실해진다.

소셜미디어 회사는 현재 개인정보 보호나 언론의 자유에 명확한 입장을 가지고 있는 사용자들의 생각이 항상 비슷하지만은 않아 일종의 지뢰밭을 지나고 있다. 식품 및 농업 기업은 유전자 변형 식품에 대한 대중의 반발을 예상하지 못했고 여전히 고통받는다. 그리고 우리는 AI가 잠재적으로 달성할 수 있는 것과 AI의 사회적 책임 사이 경로를 따라 놓여 있는 맹점을 이제 막 발견하기 시작했다.

미래는 항상 새로운 영역을 개척하기 때문에 그 길에는 반드시 공격이 발생한다. 그리고 기술이 더 강력해지고 복잡해지면서 그러한 공격의 가능성은 증가한다. 그러나 그 공격이 항상 불가피한 것은 아니다. 그렇다면 공격을 피하는 비결은 무엇일까?

기습 공격이 존재하는 이유는 우리가 걸려 넘어질지 모르는 돌부리를 발견하는 능력이 부족하기 때문이다. 그러나 미래로 나아갈 때 우리 눈을 가리고 있는 안대를 조금이라도 열어보고 우리를 기다리고 있는 것이 무엇인지 더 명확하게 볼 수 있다면 어떨까? 미래를 향해 가는 길에서 우리가 앞에 있는 것을 더 잘 인식할 수 있다면, 기습 공격으로 우리를 방해하려 하는 사건을 어느 정도 발견하는 방법을 개발할 수 있을 것이다. 이를 수행하는 한 가지 방법은 새로운 아이디어에 마음을 열고 우리와 매우 다른 개념, 신념 및 관점을 가진 사람들의 이야기를 듣는 것이다. 단순하고 진부한 이야기처럼 들릴지도 모르지만, 우리가 현재 있는 곳과 향하고 있는 미래 사이의 풍경을 놀라울 정도로 잘 볼 수 있는 방법이 될 것이다.

기습 공격이 치명적인 결과로 이어질 가능성이 있을 때 이것은 특히 더 중요하다. 잘못된 정보에 입각한 결정이나 심각한 오산에 시간을 되돌릴 수 없는 경우, 미래로 나아가는 길에서 기습 공격을 노리는 덫을 더 잘 피하도록 노력해야 한다. 여기에는 겉보기에 그럴싸한 기술로 사람을 불구로 만들거나 죽이기도 하는 위험, 인간의 존엄성과 자율성을 훼손하는 위험 등이 포함된다. 그리고 이를 방치할 경우 우리가 살고 있는 세상을 더 나쁘게 변화시킬 가능성이 있는 행동으로 이어져 환경을 해칠 수도 있다.

기습 공격은 달갑지 않은 일이지만 변화가 지배하는 세상에 살고 있다면 어쩔 수 없는 현실이다. 결과적으로 우리가 변화를 탐색하는 데 더 능숙해질수록 우리가 원하는 미래를 구축하기 위해 더 철저히 준비를 해야 한다.

46

변화

변화는 인간에게 피 같은 존재다. 변화는 우리가 살고 있는 행성을 지배하며, 잉태에서 죽음에 이르는 우리 삶의 경로를 표시한다. 변화는 혁신과 발명, 학습과 성장의 핵심이다. 변화는 상상력과 창의성에 스며든다. 그리고 우리의 가장 깊은 희망과 열망에 단단히 엮여 있다.

변화는 우리가 통과하는 매개체이자 우리가 생각하는 힘이며, 알려지지 않은 기회로 가는 문이다. 우리가 변덕스러운 변화에 몸을 맡겼다면 인간이라는 종의 역사는 매우 달라졌을 것이다. 그러나 수천 년 동안 인간은 변화를 이해하고 예측하고 이를 유리하게 활용하는 방법을 학습했다. 가장 명확한 예는 아주 작은 수학적 차이를 발견하는 것, 즉 미적분학의 등장이다.

사실 대부분의 사람들에게 미적분학은 관심 밖이거나, 학창시절에 경험한 불필요한 통과 의례일 뿐이다. 그러나 미적분학이 없었다면 지금까지 일어난 혁신이 거의 불가능했을 것이라 생각하면 미적분학이 다르게 보일지도 모르겠다. 우리가 운전하는 자동차, 입는 옷, 먹는 음식, 가정에 전력을 공급하는 전기도 미적분학이 없었다면 가능하지 않았을 것이다.

미적분학은 차이를 다루는 수학적, 과학적 도구를 제공한다. 이것은 우리가 살고 있는 3차원 세계를 정의하는 모양과 윤곽의 차이일 수도 있다. 그러나 이러한 차이가 시간과 관련된 경우 미적분학은 매우 강력한 변화의 수학적 언어가 되며 과학자, 공학자, 경제학자, 예술가를 비롯한 많은 사람들이 과거에서 미래로의 전환을 이해하고 활용하게 만든다.

물론 우리의 삶을 수학만으로 정의할 수는 없기 때문에 이것을 완벽한 언어라고 할 수는 없다. 그러나 인류가 광활하고 끝없는 변화의 바다에서 길을 잃고 헤맬 때, 그 불확실성을 극복하는 데 큰 도움을 주었다.

감사하게도 대부분의 사람들이 현대사회를 살아가는 데 미적분학 학위가 필요하지는 않다. 하지만 우리가 바라는 미래를 향한 길을 함께 설계하기 시작할 때 변화를 이해하고, 모델링하고, 구축하는 능력은 성공에 중추적인 역할을 한다.

변화에 수학과 과학을 사용하면 관찰한 트렌드가 어디로 향하는지, 그리고 그들이 가속, 감속, 유지 또는 소멸할 가능성이 있는지 확인할 수 있다. 변화가 우리에게 가치 있는 것을 빼앗아가려고 할 때 과학과 수학은 우리에게 임박한 위험을 인지하는 데 도움을 준다. 수학과 과학은 또한 우리가 더 나은 미래를 건설하기 위해 노력할 때 나타나는 변화 앞에서 탄력성과 민첩성을 갖추는 데 중요한 역할을 한다.

변화를 이해하고 활용하는 방법은 강력하지만, 물론 한계 또한 존재한다. 미래는 결국 미지의 세계로 가는 여정이며 그 복잡성과 불확실성은 가장 정교한 예측조차 혼란스럽게 만든다. 그러나 겸손한 마음으로 인간답게 행동할 때 우리가 알지 못하거나 예측할 수 없는 것에 경계를 설정하는 데 도움이 되며, 비로소 우리가 가는 길에 심각한 해를 끼칠지 모르는 함정을 드러낼 수 있다.

우리가 내일의 문턱에 서서 불확실한 미래를 내다보며 격동하는 변화의 바다를 헤엄쳐나갈 계획을 세울 때 변화에 대응하는 능력은 어느 때보다 중요하다. 그러나 변화의 언어를 유창하게 구사하는데도 불구하고, 우리가 왜, 어디로 향하고 있는지 똑바로 보지 못하면 아무 의미가 없다. 특히 우리가 살고 있는 세상은 우리의 요구 사항으로 인해 점점 과부하 상태가 오고 있기 때문이다.

4장

내일의
문턱

"미래의 모든 문제를 해결할 만능열쇠는 없다. 특효약도 없다. 대신 수천 개의 답이 있다. 당신도 그 답 중 하나가 될 수 있다."

_옥타비아 버틀러(Octavia Butler)

47

통제

　내가 태어난 해인 1965년에는 지구의 인구가 33억 명이었다. 그리고 2015년에는 75억 명으로 두 배 이상 증가했다. 현재 변화하는 속도를 보면 2065년에는 100억 명을 넘어설 것이다.

　인구만 증가하는 것이 아니라 그에 따른 기대와 요구도 증가한다. 그리고 우리는 자원이 한정된 행성에서 살고 있다. 소중한 글로벌 자원을 사용하면서 지구가 견디고 회복할 수 있는 한계를 넘는 지점까지 속도가 점점 빨라지고 있다. 그리고 현재의 변화율로 미래를 예측한 결과는 그리 아름답지 못하다.

　과거의 모든 행동이 미래에 어떤 결과로 이어진다는 것은 변화가 지배하는 우주에 살고 있는 한 엄연한 현실이다. 물론 우리는 이것을 알고 있다. 우리는 현재와 다른 미래를 상상할 수 있도록 창의성을 발전시켰고, 과거와 현재를 기반으로 미래의 모습이 어떨지 예측하는 지능을 개발했다. 그러나 불행히도 우리는 우리가 향하는 미래에 너무 자주 눈을 멀게 만드는 고집스러운 구석을 물려받았다.

변화의 수학과 과학을 현재의 궤적에 적용하면 그 전망은 암울해 보인다. 우리는 점점 더 많은 사람들이 더 많은 음식, 더 많은 에너지, 더 많은 물을 필요로 하는 미래를 그릴 수 있다. 온실가스 배출을 비롯한 여러 가지 형태의 오염으로 지속적인 환경 스트레스가 지구의 회복력을 약화시키는 미래, 그리고 인간의 힘, 이기심, 어리석음이 합쳐져 전 세계 사회를 불안정하게 만드는 미래이다.

물론 이것이 정확한 예측은 아니다. 하지만 일기예보와 마찬가지로 세세한 정보는 놓칠 수 있을지언정 우리가 적극적으로 개입하지 않는다면 이 시나리오 자체는 매우 가능성이 크다.

아이러니하게도 우리는 미래를 설계하고 구축할 수 있는 놀라운 기술과 사회적 도구를 손가락 끝으로 사용할 수 있는 시대를 살고 있다. 그럼에도 가끔은 당장 눈앞의 이익과 자기 보호에만 신경을 쓰느라 다음 세대 수십억 명의 사람들에게 피해를 입히는 데 더 관심이 있는 것처럼 보인다.

미래를 향한 여정에서 우리는 현재 살고 있는 세상보다 훨씬 더 나은 세상을 향한 길을 만드는 데 도움이 되는 놀라운 능력을 개발했다. 그러나 그 능력을 책임감 있게 사용하는 방법을 학습하기 위해 우리는 여전히 고군분투한다. 과거 지구라는 행성의 미래를 성공적으로 제한하고 인도해온 것처럼 넘어서선 안 되는 경계를 명확하게 설정해야 한다.

48

경계

1980년 케임브리지의 물리학자 브라이언 피파드Brain Pippard는 '비판적 행동과 깨진 대칭 실험'을 설명하는 논문을 발표했다. 논문에서 피파드는 '불연속'이라 부르는 현재와 미래 사이의 특별한 전환, 즉 물리적 세계에서 발생하는 기습 공격을 연구했다.

피파드는 현재와 미래 사이 갑작스럽고 되돌릴 수 없는 전환, 즉 가지가 부러지거나 파도가 부서지는 것과 같이 모든 것이 변하고 되돌릴 수 없는 전환에 매료되었다.

내가 박사과정 학생일 때 진행한 공개 강연에 참석하지 않았다면 지금까지 피파드의 연구를 알지 못했을 것이다. 그 강연에서 피파드는 두 개의 끈에 균일한 간격으로 고정된 네 개의 나무 가로대로 구성된 사다리 모양의 모형을 들고 있었다. 그런 다음 그는 가장 아래쪽에 있는 나무 가로대를 천천히 수평으로 회전시키면 어떤 일이 일어날지 청중에게 질문을 던졌다. 당연히 우리는 피파드의 모형이 기존 사다리 모양의 형태에서 나무 가로대 끝에 두 개의 끈이 붙어 있는 이중 나선 구조의 DNA 가닥 형태처럼 변형될 것이라 예측했다. 그리고 우리의 예측은 완전히 빗나갔다.

피파드가 사다리를 비틀었을 때, 두 개의 가로대 사이에 있던 실이 뒤틀리면서 DNA와의 유사성은 온데간데없어지고 헝클어져 엉망진창이 되었다.

이것은 갑작스럽고 되돌릴 수 없는 전환이었다. 비틀기를 되돌려도 사다리가 풀리지 않았다. 그리고 돌이킬 수 없는 경계를 넘어선 순간이 어떤 지점이었는지 예측할 수 없었다.

그 시기 기후변화를 다룰 때 티핑 포인트를 언급하는 일이 많아졌다. 티핑 포인트란 안정적으로 보이는 상황에서 갑자기 나타나는 예측하기 어려운 불안정한 지점을 뜻한다. 피파드의 사다리가 보여주듯이 우리가 환경을 괴롭히면서 돌아올 수 없는 티핑 포인트의 경계를 넘을 위험이 있다. 그리고 그렇게 되면 우리가 원하는 미래로 가는 경로를 방해하고 심지어 파괴할지도 모른다.

피파드의 사다리는 비선형 역학의 한 예다. 복잡하게 서로 연결된 시스템이 부하를 받을 때 돌이킬 수 없는 변화가 빠르게 발생하는 것을 말한다. 그리고 이것은 현재 상황이 괜찮아 보이더라도 우리가 조기에 경고를 발견하고 중요한 티핑 포인트를 피하는 방법을 학습하지 않는다면, 우리는 말 그대로 미래를 망칠 위험에 직면할지도 모른다는 것을 시사한다.

복잡하게 서로 연결된 시스템이 있는 곳에는 항상 이와 비슷한 현상이 나타난다. 그리고 그 현상이 우리가 살고 있는 지구와 관련이 있을 때 가장 우려가 크다. 피파드의 사다리를 너무 많이 회전시켰을 때 갑자기 돌이킬 수 없는 전환을 겪는 것처럼, 우리도 여기 지구에서 임계 경계를 넘어서는 위험에 가까워진다는 두려움이 퍼지고 있다.

인간의 활동이 우리 주변 세계를 압박하면서 과학자들은 그 경계가 어디인지, 그리고 우리가 언제 그 경계를 넘어설지 주의 깊게 관찰한다. 여기에는 재생 불가능한 에너지 사용의 영향에 저항하는 지구 기후의 능력, 지구에 살아있는 유기체의 다양성 및 이들이 나타내는 유전적 다양성, 점점 산성화되는 환경을 수용할 수 있는 해양 생태계의 능력 등이 포함된다.

우리가 이렇게 다양한 경계를 향해 나아가면서 지구의 미래가 어떻게 펼쳐질지는 아무도 모른다. 그러나 돌이킬 수 없는 지점을 피하기 위한 조치로 복잡한 시스템에 관해 알고 있는 모든 것을 활용해야 인간의 삶에 도움이 된다는 것은 어쩌면 당연하다. 그러나 변화무쌍한 행성에 산다면 인간이 굳이 개입하지 않아도 가끔은 통제할 수 없는 대격변과 같은 사건에 의해 미래가 결정된다.

49

대격변

1908년 6월 30일, 동부 시베리아에 거대한 폭발이 발생하여 1,800제곱미터가 넘는 숲을 쓰러뜨리고 수백 킬로미터 떨어진 곳의 창문을 깨뜨렸다. 그 폭발은 유성 충돌 때문이었고, 유성 대부분이 지구 대기에서 분해되면서 폭발이 발생했다. 그것은 기록된 인류 역사에서 가장 큰 사건이었고, 미래가 얼마나 예측할 수 없이 빠르게 변하는지에 대한 기념비적인 사건이 되었다.

이 정도 규모의 유성 충돌은 거의 찾아보기 힘들다. 전 세계적으로 영향을 미치는 유성 충돌은 약 수십만 년마다 발생한다. 이 사건들은 우리가 끊임없이 극적으로 미래를 변화시키는 사건에 영향을 받는 불확실한 세상에 살고 있다는 것을 상기시킨다. 그리고 만약 사건의 진원지에 당신이 있다면, 결과는 치명적일 것이다.

자연현상은 진화하는 종으로서 우리를 긴장하게 하고, 오만함에 잡아먹히지 않게 한다. 우리가 미래를 설계하는 능력에 아무리 자신감이 있다 하더라도, 판을 뒤집어버리는 주사위가 던져질 가능성은 항상 존재한다는 경고를 준다. 주사위를 던진 결과가 거대한 화산 폭발이나 대지진, 치명적인 전염병일 수 있다. 반면에, 빙하가 녹아내려 해류의 변화가 생기거나, 태양 표면의 폭발로 세계를 집어삼키는 것과 같이 미처 눈치채지 못하지만 똑같이 파괴적인 무언가일 수도 있다.

다행히 전 세계 많은 인구에 심각한 영향을 미칠지 모르는 이러한 사건은 매우 드물게 일어난다. 하지만 당신이 사는 지역에서 비슷한 사건에 휘말리면 미래와의 관계가 파괴적인 방식으로 단절될지도 모른다.

이것이 바로 서기 79년 베수비오 산Mount Vesuvius이 폭발하여 치명적인 화산재에 뒤덮인 고대 로마의 도시 폼페이에 살던 사람들의 이야기이다. 마찬가지로 2004년 12월 26일에 인도양에서 발생한 지진으로 쓰나미가 해안선을 휩쓸고 지나가면서 20만 명 이상이 사망했고 수십만 명의 미래를 완전히 바꿔놓았다. 지구는 그저 더 '편안한' 자세를 찾았을 뿐인데, 역사 속에서 수많은 사람들은 생각할 겨를도 없이 바뀐 미래 앞에 놓였다.

우리가 살고 있는 행성은 변덕스럽고 예측할 수 없지만, 우리 스스로도 대격변을 일으키고 우리의 무능함으로 미래를 산산조각 내는 데 대가가 되었다. 1984년 12월 인도 보팔Bhopal 시 주변 살충제 공장에서 나오는 유독가스로 인해 수천 명이 사망했다. 1986년에는 체르노빌Chernobyl 원자력 발전소의 4번 원자로가 폭발하면서 방사선 노출로 수천 명이 사망했고, 수십 년 동안 이 지역에는 사람이 살지 못했다. 그리고 우리가 온실가스 배출 등 다양한 형태의 환경오염으로 지구의 기후를 한계점으로 몰아세우면서 더 큰 재앙을 맞이하고 있다.

우리는 눈앞의 이익만 좇는 개인과 관습이 지배하는 불안전한 세상에 살고 있다는 것을 운명적으로 받아들인다. 하지만 왜 그래야 할까? 우리는 인간으로서 미래를 상상하고 설계하고 구축하는 대단한 능력을 진화시켰다. 그리고 우리는 결과를 고려하지 않은 미래로 변화시키려 하는 파괴적인 성향을 가지고 있지만 우리가 가진 한계 중 적어도 몇 가지는 극복할 수 있는 능력이 있다. 우리는 모든 대격변을 피할 수 없을지도 모른다. 하지만 우리가 영향을 미치는 사람들을 관리하고 영향을 미치지 않는 사람들에게는 회복력을 구축할 수 있도록 만들 능력이 있다.

이것은 마치 우리가 인간이라는 종으로 성숙해지면서 거쳐야만 하는 통과의례와 같다. 생물학적으로 할 수 있는 일이 없는 어린 시절부터 기술적으로 혼란스러운 십대 시절을 지나 미래에 대한 책임을 이해하고 그 책임을 진지하게 받아들이는 성인으로 성장하는 것이다.

이렇게 진행해가면서 한 종으로서 성숙하는 속도는 우리의 운명을 결정하는 데 중요한 역할을 한다. 우리의 능력을 개발하는 속도가 그 능력을 현명하게 사용하는 집단적 능력을 개발하는 속도보다 빠르다면, 문제가 생길지도 모른다. 어떤 사람들은 우리가 이미 이 지점에 도달했다고 주장한다. 그리고 어떤 사람들은 지구를 완전히 버리고 태양계의 다른 곳에서 새롭게 시작하는 미래를 이야기한다.

50

외계

1982년 10월 월트 디즈니 월드의 에프콧 센터Epcot Center가 문을 열었다. 처음 에프콧 센터에 방문한 사람들은 입구에서 미래 지향적인 모습의 커다란 구를 보았고, 이 구조물은 오늘날까지도 사람들을 센터 입구에서 반겨주고 있다.

에프콧의 '우주선 지구'는 방문객에게 통신기술의 역사를 알려주며 살고 싶은 미래를 설계하도록 영감을 주는 대표적인 전시품이다. 이 작품은 지구를 우주로 돌진하는 독립된 우주선으로 상상해온 역사에서 영감을 얻었다.

이 아이디어는 경제학자이자 작가인 바바라 워드Barbara Ward가 1966년 발표한 책 『우주선 지구Spaceship Earth』에서 처음 등장했다.

워드는 우리가 불확실한 미래를 향해 돌진하는 행성에 거주하면서 제한된 자원, 복잡한 사회적, 정치적 과제와 씨름하는 모습을 상상했다. 불과 몇 년 후, 커다란 구의 건축가인 버크민스터 풀러 Buckminster Fuller는 더 영향력 있는 책인 『우주선 지구호 사용설명서』에서 그 아이디어를 더욱 발전시켰다. 책에서 그는 우주를 가로질러 나아가는 행성 크기의 우주선이라고 지구를 묘사했다.

버크민스터 풀러의 사용설명서는 미래를 향한 인류의 여정을 광범위하게 다룬다. 실제 우주 비행사가 지구의 손아귀를 벗어나던 시기, 그는 "우주를 여행하는 우리 모두가 우주비행사"라고 썼다. 책에서 그는 이 우주선이 원활하게 작동하기 위해서 무엇이 필요한지 자세히 설명했다. 또한 현재 우리 한계 너머에 있는 것을 생각해볼 기회를 던져주기도 했다.

버크민스터 풀러와 이후 많은 사람들은 지구의 제한된 자원에 부담을 주지 않으려면 미래를 신중하게 계획해야 한다고 경고했다. 그 결과 미래에 대한 비전과 그에 도달하는 방법이 상충되면서 끊임없이 좌절하는 환경운동이 활기를 띠게 되었다. 그러나 우리가 우주를 질주하는 우주선에 탑승한다는 아이디어는 일부 학계에서는 또 다른 미래 사상을 불러일으키고 있다. 만약 우리가 '우주선 지구'에서 탈출해 다른 우주선을 찾아야 할 정도의 위험에 처했다면 어떨까?

이것은 화성, 혹은 목성이나 토성의 살 만한 위성 중 하나와 같은 곳으로 이사를 가야 하는 '플랜B'이다. 공상과학 소설처럼 느껴질지 모르겠지만 사실 최소한 향후 수십 년 동안은 지속될 가능성이 크다. 지난 몇 년 동안 개인 우주 탐사의 두 개척자는 미래를 위한 플랜B에 수억 달러를 투자할 정도로 이를 진지하게 받아들였다.

'아마존'을 설립한 제프 베이조스Jeff Bezos는 우리 미래를 위해 우주 탐사가 중요하다고 확신했고 개인 재산의 상당 부분을 항공우주 회사인 블루 오리진Blue Origin에 투자했다. 베이조스는 지구 자원이 고갈되면서 우리의 유일한 희망은 자원 공급을 위해 새로운 행성을 채굴하는 것이라고 믿는다. 베이조스는 우리가 미래에 '우주선 지구'를 계속 지원하기 위해서 우주 탐사는 불가피하다고 생각한다.

이에 반해 일론 머스크의 플랜B는 우주선 지구를 완전히 탈출하는 것이다. 그는 지구의 미래가 암울하다고 생각하며 지구를 탈출해 화성에 커뮤니티를 구축할 계획을 세우고 있다. 그리고 '스페이스X'라는 회사를 통해 그렇게 할 역량을 쌓고 있다.

미래에 대한 이 두 가지 비전에는 모두 문제가 있다. 특히 현재 우리가 직면한 문제 대부분이 미래를 위해 책임감 있게 행동하지 못하는 인류의 무능력에 뿌리를 두고 있다는 점을 고려하면 더욱 그렇다. 슬프지만 아직 우리가 이 단계를 벗어났다는 증거가 전혀 없다. 그러나 증거가 있다 해도 우주에서 지속가능한 인간의 존재를 확인하는 데는 극복할 수 없는 문제가 있는데, 바로 지구와는 달리 매우 작은 오류로 인해 미래가 거의 없어지게 될 수도 있는 '실패 시 멸망'하는 환경이기 때문이다.

그러나 베이조스, 머스크 및 여러 사람들이 적극적으로 보여주는 것처럼 우주는 우리가 미래를 생각할 때 매력적으로 다가오는 개념이다. 우리가 태양계와 그 너머를 더 많이 알수록 우주에서 영감을 받은 공상과학 소설이 풍부한 역사로 쌓이고, 그에 따라 이 새로운 국경을 받아들이는 미래를 상상하기가 쉬워진다. 이것은 앤더스의 〈지구돋이〉가 1968년 우주에서 지구를 바라보는 시야를 제공하여 한 세대에 영감을 주었듯, 많은 사람들이 별을 바라보면서 영감을 얻고 동기를 부여받는다.

그러나 우리가 이렇게 외계로 향하는 미래를 상상하고 계획하면서, 사소한 질문이 계속 반복된다. 우리는 우주에 유일한 존재인가? 아니면 새로운 생명체가 발견되어 새로운 지능이 나타날 것인가? 만약 그렇다면, 이것이 우리 앞에 펼쳐질 미래에 어떤 영향을 미치는가?

51

생명

우주론자이자 작가이자 과학의 대중화에 힘쓴 칼 세이건_{Carl Sagan}은 "우주는 제법 큰 곳인데 여기에 우리만 있다는 건 심각한 공간 낭비"라고 말했다.

우주가 과거에서 미래로 진행되면서 필연적으로 나타나는 것이 생명체, 특히 지적 생명체라면 세이건이 옳았다. 우리가 유일한 존재인지 아닌지는 아직 모르지만, 다른 태양계에 지구와 비슷한 행성의 존재를 포함하여 이웃 행성과 위성을 더 많이 발견할수록 지구 밖에서 생명의 증거를 찾을 가능성이 높아진다.

그러나 이렇게 했을 때 우리가 원하는 미래와 그 미래를 만들기 위해 나아가는 길이 어떻게 방해받을지는 분명하지 않다.

외계 생명체에 대한 우리의 비전, 그리고 그 발견이 우리에게 어떤 영향을 미칠지는 궁극적으로 우리가 알고 있는 것에 제약을 받는다. 불과 수십 년 전만 해도 우리는 외계 생명체가 존재할 가능성을 거의 알지 못했기 때문에 머릿속 공백을 놀라운 아이디어로 채웠다. 이러한 환상은 미래에 대한 우리의 비전에 색을 입혔지만, 그것이 당대 대부분의 사람들이 하는 행동에 실질적인 영향을 주지는 않았다.

한편, 과학자들은 지구에 사는 생물 일부는 불가능해 보이는 환경에서도 번성할 수 있다는 사실을 발견했다. 뜨거운 분화구 주변, 남극 얼음 아래나 지각 깊숙이 묻혀 있는 호수에서 생존하는 유기체를 '극한환경 미생물'이라 한다. 연구원들은 극한환경 미생물의 형태로 존재할지 모르는 증거를 우주에서 찾기 시작했다. 우리는 지구라는 한계를 훨씬 넘어 생명의 증거가 될지 모르는 화학물질의 흔적을 감지하기 시작했다. 그리고 근본적으로 여기에서 발견된 것과 크게 다르지 않은 생명체의 등장을 뒷받침하는 은하계의 행성을 찾기 시작했다.

그 결과, 불과 몇 년 만에 우리가 다른 곳에서 생명체를 발견할 가능성이 치솟았다. 그리고 관점이 변하면서 미래에 대한 생각과 미래가 현재를 어떻게 정의하고 인도하는지에 대한 생각도 바뀌기 시작했다.

안타깝게도 우리가 지구가 아닌 곳에서 지적 생명체를 발견할 가능성은 희박하다. 지적 생명체가 없기 때문이 아니라, 이렇게 광활한 우주에서 서로 마주칠 가능성이 매우 낮기 때문이다. 그러나 태양계에서 외계 생명체의 증거를 찾아내려는 과학적 움직임이 증가하면서 향후 수십 년 안에 지구가 우주에서 생명체가 존재하는 유일한 장소가 아님을 발견할 가능성이 커지고 있다.

이것이 우리의 선입견을 깨뜨리고 새롭고 흥미로운 방법으로 미래를 다시 구축하게 만들지, 아니면 우리가 스스로 독특하고 특별한 존재라고 이야기하는 오류를 범하게 만들지는 두고 봐야 한다. 하지만 우리가 이웃 행성을 탐구하고 머나먼 은하계와 그 너머까지 바라볼 때, 우리는 미래를 생각하는 방식에 어떤 식으로든 새로운 무언가를 발견할 가능성이 높다.

우리는 이런 장대한 모험을 시작했지만, 동시에 '외계인' 생명체에 대한 연구 또한 진행되고 있으며, 우리가 외계 생명체의 존재를 발견한다면 미래에 대한 우리의 비전에 큰 영향을 미칠 수 있다. 그리고 이제 우리는 독창성을 이용해 지구상에서 최초로 완전히 인공적인 생명체를 창조하려 한다.

52

재창조

2019년 5월, 한 연구실에서 완전히 합성된 게놈을 가진 '디자이너' 박테리아를 만들었다고 발표했다. 이 유기체는 전 세계 생명공학 실험실에서 활발하게 다루고 있는 일반적인 대장균 박테리아를 기반으로 한다. 디자이너 박테리아의 독특한 점은 생물학적 코드인 DNA가 연구실의 일반적인 화학물질을 사용하여 설계되고 만들어졌다는 것이다.

DNA가 발견된 이래 과학자들은 이 유전자 코드를 사용하여 유기체를 재설계할 수 있는지 관심을 가져왔다. 이론적으로 생명을 '재창조'하는 것은 가능하다. DNA는 결국 특정한 방식으로 배열된 분자의 집합체이기 때문이다. 어디까지나 강력한 컴퓨팅 기술 발전이 이루어져 저렴하고 빠르게 DNA 시퀀싱과 합성이 가능해질 때 가능한 이야기이다.

최근 기술의 발전으로 우리는 고도로 복잡한 유전자 서열을 설계하여 생성할 수 있는 수준까지 올라왔고, 이렇게 생성한 DNA를 살아있는 유기체에 삽입하는 것도 점점 능숙해지고 있다. 우리는 새로운 앱을 설계하는 것처럼 쉽게 새로운 유기체를 설계할 수 있게 되었다.

우리가 이 지점에 도달하면, 필요한 기술에 접근 가능한 누구나 이전의 노력을 어린이 장난처럼 보이게 할 만큼 성숙한 방법으로 미래를 설계할 수 있다. 우리는 사실상 지구에 '외계인' 생명체를 만들게 될 것이다.

한때는 환상의 영역으로 분류되었던 것이 점점 현실처럼 보이기 시작하면서 이 가능성만으로도 미래에 대한 우리 비전을 대대적으로 바꾸어놓기에 충분했다. 그리고 DNA를 조작하는 상상력을 발휘하기 시작하면서 실험실에서 키운 생명의 꿈을 실현하는 데 점점 더 가까워지고 있다.

그러나 이렇게 생명을 만드는 미래로 가는 길에는 극복해야 할 커다란 장애물이 있다. 우리는 컴퓨터를 사용하여 점점 더 긴 DNA 염기서열을 설계할 수 있고, 이를 살아있는 유기체에 재구성하는 것도 어렵지만 가능하다. 그러나 여전히 DNA 코드를 해석하는 방법을 잘 이해하지 못하고 있다. 그리고 우리의 유산, 역사, 일상적인 환경적 상호작용이 '후성유전체', 즉 유전자 코드에 지속적으로 변화를 일으키는 유전자 서열 정보에 어떤 영향을 미치는지는 더욱 이해하지 못하고 있다.

이러한 한계를 극복하기 위해 과학자들은 DNA를 설계하고 만드는 것을 도와주는 기계에 점점 더 의존한다. 실제로 우리가 창조해낸 인공지능이 생물학적 생명을 만들고 조작하는 데 사용된다. 이로써 자체적으로 키워낸 '외계인' 생명체가 등장할 가능성은 높아지지만, 예측은 더욱 어려워진다.

생물학적 기원이든 지능형 기계에 내장된 것이든 새로운 생명을 창조하는 데 가까워지면서 미래에 대한 우리 비전은 바뀌어야 한다. 수십억 년의 진화를 바탕으로 내린 가정을 처음부터 다시 생각해볼 필요가 있기 때문에 쉬운 일은 아닐 것이다. 그리고 우리가 직면하게 될 과제 중 하나는 디자이너의 미래를 창조할 수 있는 능력이 우리 삶의 근본적인 측면, 즉 인간의 의미를 이해하는 방식에 어떻게 영향을 미치느냐 하는 것이다.

53

인간성

우리 대부분에게 미래에 대한 비전은 오직 인간이다. 그것은 우리가 사용할 수 있도록 진화한 기술, 속성, 관점에 의해 생겨나고 우리가 생각하는 우리, 그리고 우리가 어떻게 되길 바라는지와 밀접하게 연관된다. 그러나 인간이라는 것, 또는 '인격'이 있다는 것이 무엇을 의미하는지는 이해하기 어렵다. 작가 존 그린John Green 의 표현에 따르면 "깊이 파고들수록 무엇이 사람, 사람을 만드는지 이해하기가 더 어렵다."

생물학적으로 우리는 끊임없이 진화하는 환경의 부산물일 뿐이다. 그리고 유전적으로 우리는 다른 유기체와 크게 다르지 않다. 하지만 아주 작은 차이가 우리를 독특한 종으로 만든다.

이러한 차이로 인해 우리는 미래에 절묘한 감각을 지닌 동물로 거듭났다. 우리는 지구에 사는 그 어떤 유기체보다 과거와 다른 미래를 상상하고 능동적으로 나아가는 능력이 있다.

인간은 미래를 건축하는 건축가와 같다. 우리는 미래에 대한 우리의 인식과 기대가 지배하는 현재에 산다. 우리의 모든 행동은 무엇이 나타나는지, 그것이 우리에게 좋은지, 아니면 다른 사람과 다른 유기체에게 해를 끼치는지 확인하면서 결정된다. 우리는 미래 지향적인 야망을 가지고 있지만 동시에 근시안적이기도 하다.

물론 인간이 미래를 예측하고 대응하도록 진화된 유일한 유기체는 아니다. 그러나 우리는 그 능력이 대단히 뛰어나다. 우리의 지성, 창의성, 혁신 능력을 이용해 새로운 기술, 새로운 사회, 새로운 세계를 만들고 있다. 우리는 새로운 유기체, 심지어 완전히 새로운 형태의 생물학을 설계하는 단계에 있다. 그리고 우리가 인공지능을 개발하면 할수록 우리의 모든 능력이 쓸모없어지는 미래를 향해 나아가게 된다.

미래를 상상하는 이 내재된 능력은 미래를 변화시키고자 하는 강한 열망과 결합되어 인간에게는 의미하는 바가 크다. 그러나 이것은 이야기의 일부일 뿐이다. 우리의 인간성은 우리가 다른 사람을 어떻게 느끼고 어떻게 대하는지를 포함해 눈에 보이지 않는 특성으로 확장된다. 그리고 슬프게도, 우리보다 타당하지 않고 자격이 없으며 덜 '인간적'인 것으로 간주되는 것을 우리가 만들어가는 미래에서 배제하는 경향이 있다.

지금까지 미래를 탐구하면서 나는 '우리'라는 용어를 다소 남발했다. 나는 '우리가' '우리를 위한' 미래를 건설하기 위해 '우리가 함께' 노력하는 곳에 같은 종류의 '우리'가 있다고 가정했다. 그러나 '우리'라는 인류는 각자 다른 미래의 모습을 꿈꾸는 개인으로 이루어져 있다. 그리고 우리가 그린 미래 비전을 위협하는 사람들과 충돌할 때, 그들의 인간성을 공격하면서 그 주장에 반박한다.

이것은 인간의 추하고 교활한 면이다. 우리와 같은 생각을 하지 않거나, 우리와 비전과 관점을 공유하지 않거나, 우리의 세계관이든 미래에 관한 우리 욕망이든 우리에게 가치 있는 것을 위협하는 사람들을 간단히 배척하고 '우리'라는 개념 주위에 견고한 담을 쌓는다.

이것은 미래를 건설하는 이기적이고 파괴적인 접근 방식이다. 대신 우리는 이 '우리'의 범위가 가능한 한 넓고 포괄적이도록 노력해야 한다. 그리고 모두가 잘 살아갈 권리가 있는 미래를 함께 건설해야 한다. 그리고 그 과정에서 다른 사람들의 권리를 빼앗으면 안 된다.

"나는 우리가 서로의 의식과 복잡성을 인정해야 더 나은 삶을 살 수 있고 슬픔과 기쁨 속에서 덜 외롭다고 믿는다. 나는 우리가 서로의 인간성을 믿기 때문에, 그리고 다른 사람들의 고통을 덜어 주기 위해 함께 노력할 수 있기 때문에 인간이라고 믿는다. 그런 의미에서 인간답게 사는 것은 우리가 항상 열망해야 하는 것이라고 생각한다"라는 존 그린의 관점에 나는 감사함을 느낀다.

이것은 포용적이고, 다른 사람들을 우선시하며, 소수가 아닌 다수의 이익을 위해 미래를 설계하고 건설하도록 영감을 주는 비전이다. 인간답게 산다는 것, 생물학적 유산의 제약을 넘어 '인격'이란 무엇을 의미하는지 이해하는 문을 여는 것이다. 그리고 미래를 건설하는 이유와 방법을 고민하게 한다.

54

의미

　당신이 공원 벤치에 앉아 있는데 개 한 마리가 다가와 무릎에 공을 떨어트리고는 꼬리를 흔들며 앉아서 당신을 바라본다고 상상해보자. 당신은 개를 위해 공을 던지겠는가, 아니면 그냥 무시하겠는가?

　어떤 선택을 하든 당신은 잠깐이나마 미래의 작은 조각을 통제할 수 있는 권한이 생겼다. 한쪽을 선택하면 개가 던져진 공을 향해 즐겁게 뛰어갈 것이다. 다른 한쪽을 선택했다면 그 개는 자신이 인간을 잘못 선택했다는 사실을 서서히 깨달을 것이다.

　당신이 창조할 미래를 결정하는 것은 무엇일까? 개의 요구를 들어주거나 거부하는 결정에 어떤 의미, 즉 '이유'가 있을까?

개가 즐거워하는 모습을 보면 기분이 좋기 때문에 공을 던질 수도 있다. 아니면 개에게 몸을 숙이는 것을 스스로 품위가 없는 행동이라 생각해서 개를 무시할 수도 있다. 또는 단순히 원치 않는 관심에 불쾌하기 때문일 수도 있다. 각각의 경우 두뇌의 일부는 행동의 결과를 평가하고 어떤 미래를 가져올지에 대해 가치를 판단한다.

이 시나리오는 의미가 가치의 발생과 어떻게 연결되는지를 알려주는 가벼운 예시다. 어떤 행동을 선택할 때, 과거에 비해 더 크거나 동일한 가치를 지닌 미래로 이어지기 때문에 우리에겐 의미가 있다. 이 '가치'는 생존과 건강을 유지하는 데 필요한 일을 하는 것처럼 단순한 것일 수도 있다. 그러나 우리는 단순함과는 거리가 먼 생명체이고, 결과적으로 의미와 관련된 '가치'는 공을 따라 즐겁게 달리는 개를 보는 기쁨처럼 다양한 형태로 나타난다.

순전히 생물학적 관점에서 의미는 미래지향적인 보상을 기대하는 결정과 행동에서 발생한다. 우리는 기분이 좋아지기 위해 먹고, 운동하고, 다른 사람과 교류하고, 다양한 취미생활을 한다. 그러나 우리는 또한 소중한 믿음부터 사랑과 애정을 주고받는 것, 장엄한 노을을 바라보는 것, 인상적인 그림을 감상하는 것, 우리의 내면 깊숙한 영혼을 건드리는 음악을 듣는 것, 향이 좋은 차 한

잔을 음미하는 것까지 단순한 생물학을 초월하는 경험에서 의미를 이끌어 내는 능력이 있다. 그리고 많은 경우 이러한 의미는 이야기를 통해 다른 사람들에게 전달된다.

이 이야기에서 우리는 우리와 주변 사람들에게 더 큰 의미가 있는 미래를 향한 길을 닦고 의미를 잃지 않기 위해 난간을 세운다. 그래서 개가 우리 무릎 앞에 공을 떨어뜨릴 때 스스로에게 개가 행복하기 때문에 우리도 행복한 미래가 만들어질 것이라는 이야기를 스스로에게 한다. 대개 무의식중에 이루어지는 이러한 이야기는 사건과 결과에 의미를 부여하고, 그로 인해 건강과 행복을 증진시키고 의미를 부여하는 일련의 생물학적 반응이 이어진다.

하지만 이 구조에는 문제가 있다. 거의 80억 인구가 사는 세계에서 한 사람의 즐거움이 다른 사람의 고통이 되기란 참 쉽다. 우리가 가진 의미를 위협당할까봐 다른 사람의 의미를 쉽게 비하하고 무시하는 경향 때문에, 모든 사람이 개인적으로 중요시하는 의미를 충족하는 것은 불가능하다. 우리 모두의 미래를 설계하고 건설할 때, 모든 사람이 원하는 것을 다 가질 수는 없다.

다행히 우리는 스스로를 넘어 다른 사람들의 행복과 건강에도 의미를 둔다. 동물이 기뻐하는 것을 보기 위해 공을 던져준 사람도 즐거움을 느끼는 예에서 볼 수 있다. 우리는 다른 사람들이 경험하는 의미와 우리가 그들에게 줄 수 있는 의미에서 본능적으로 기쁨을 느낀다. 사실 다른 사람들에게 의미를 제공하는 능력은 아마도 인간성을 정의하는 가장 중요한 특성 중 하나일 것이다.

그러나 의미 있는 미래를 함께 상상하고 노력하다 보면 불가피한 갈등이나 긴장도 따라오게 된다. 시간이 흐르면서 우리는 이러한 문제를 찾아내는 데 도움이 되도록 옳고 그름에 대한 깊은 감각을 개발했다.

55

도덕성

노력만 하면 모두가 원하는 것을 가질 수 있는 유토피아와 같은 세상을 만들 수 있다면 누가 싫어하겠는가? 하지만 슬프게도 시간, 움직임, 인간의 특성으로 이루어진 법칙 아래에서 우리는 어딘가에서 누군가는 행복하지 않은 미래로 가고 있다.

우리가 인간관계에서 모든 사람에게 모든 존재가 될 수 없듯이 우리는 모든 사람의 생각에 들어맞는 미래를 설계하거나 건설하지 못한다. 우리가 이에 함께 대처하는 방법 중 하나는 미래에 '최소 실행 가능한 제품'의 모습에 대한 규범과 기대치를 개발하는 것이다. 이것은 우리가 '좋다' 혹은 '옳다'고 판단하는 것과 '나쁘다' 혹은 '그르다'고 판단하는 것을 자체적으로 설정하는 규칙이 된다.

우리의 사회적 본능과 개인의 욕망은 엉망으로 뒤섞여 있기 때문에 미래를 설계하고 만드는 과정에서 자연스럽게 기본적인 도덕성을 정의한다. 우리는 때때로 도덕성이 무엇인지 그 본질에 동의하지 못하기도 한다. 그럼에도 불구하고, 우리가 미래를 생각하는 방식과 미래에 우리가 가지는 의무를 안내하는 데 도움이 되는 도덕성 기반의 설계 원칙에는 많은 사람들이 동의한다.

예를 들어, 우리가 다른 사람을 죽이거나 해치는 것은 나쁜 일이며, 아이들은 소중한 존재라는 생각에는 대부분 동의한다. 너무 많은 비용이 들지 않는 한 친절하고 남을 배려해야 하며, 우리보다 불쌍한 사람들을 돕는 것이 중요하다고 믿는 경향이 있다.

또한 우리 대부분에게는 정의감이 있다. 안타깝게도 정의감은 자격이 없는 사람이 무언가를 누릴 때 비교적 자주 발생한다. 그러나 인간이라는 종으로서 우리는 다른 사람들이 경험하는 불의를 보고 움직이며 동기를 얻는 놀라운 능력을 가지고 있다.

이러한 경향은 미래 건설과 관련해 우리가 내리는 결정에 도움이 되는 하나의 틀로 작용한다. 그리고 그렇게 함으로써 우리의 행동과 열망에 의미를 더한다.

도덕성은 우리가 상상하는 미래를 현실로 만들 때 개인적으로

나 집단적으로 일련의 원칙을 세워 안내하는 역할을 한다. 그리고 그 미래가 우리가 바라던 미래와 다르더라도 괜찮다거나 허튼 일이 아니었다고 느끼도록 도와준다. 이러한 원칙은 협조하지 않는 사람들을 처벌하기 위한 규칙을 설정하고, 대다수의 생각과 위험할 정도로 동떨어진 미래 비전을 가진 사람을 응징한다. 하지만 우리의 도덕성이 항상 일관적이지는 않다.

우리의 도덕성은 미래 건설을 위한 원칙을 수립할 뿐이다. 이것을 행동으로 옮기려면, 윤리를 살펴보아야 한다.

56

윤리

2015년, 기업가 엘리자베스 홈즈Elizabeth Holmes는《포브스Forbes》가 선정한 미국에서 가장 젊고 부유한 억만장자로 선정되었다. 그러나 2016년 홈즈의 회사 테라노스Theranos의 기술이 전혀 과학적이지 않으며 조작되었다는 것이 명백히 밝혀졌고,《포춘Fortune》은 홈즈를 세계에서 가장 실망스러운 리더 중 한 명으로 꼽았다. 이 글을 쓰는 현재 그녀는 사기 혐의로 2020년 재판을 받을 예정이다. (코로나 등으로 재판이 미뤄지다 2022년 1월 3일 재판에서 일부 유죄 판결을 받았다.-옮긴이)

홈즈와 테라노스의 이야기는 주목하지 않을 수 없는 미래 비전이 가진 윤리적 양면성에 관한 이야기이다. 홈즈의 비전은 소매점에서 쉽게 구할 수 있는 키트에 매우 적은 양의 혈액 샘플을 채취하여 저렴하고 자동화된 혈액 검사를 시행하는 것이었다. 이 기술은 홈즈가 스탠퍼드 대학에 다닐 때 수행한 연구를 기반으로 했으며 기술에 매력을 느낀 나머지 이를 활용하고자 학교를 자퇴하고 팔로알토Palo Alto에 스타트업을 설립했다.

홈즈는 미래에 대한 자신의 비전을 바탕으로 세상을 뒤흔드는 기술회사를 만들게 되었지만, 돌이켜보면 이를 어떻게 달성할지는 그리 걱정하지 않았다. 안타깝게도 테라노스의 기술은 결국 약속한 것에 훨씬 못 미쳤고 엘리자베스 홈즈와 테라노스가 주장하는 것과 그들이 제공하는 것 사이에 점점 더 큰 격차가 나타나기 시작했다. 하지만 여기서 가장 놀라운 점은 모든 사실이 드러나기 전까지 홈즈가 많은 사람들을 이 과정에 함께하도록 설득하는 데 성공했다는 점이다.

도덕성이 옳고 그름을 정의하는 개인적이거나 집단적인 원칙에 근거한다면, 윤리는 이들을 사회적으로 적용하는 것이다. 윤리는 우리가 다른 사람들에게 어떻게 행동하는 것이 옳고 적절한지, 어떤 행동이 부적절한지 정의하는 행동 규범이다. 그리고 대부분의 윤리적 프레임워크와 원칙은 행동이나 결정의 결과를 기반으로 하기 때문에 우리가 미래를 함께 건설해나가는 방식에 크게 영향을 미친다.

미래를 건설하는 데는 타협이 필요하기 때문에 윤리가 효과적으로 적용되었다면 공유된 미래를 협상할 수 있는 프레임워크를 제공한다. 그렇지만 불행히도 우리 모두는 원하는 것을 얻기 위해 규칙을 왜곡하는 경향이 있으며, 이 경우 윤리는 더 이상 안전하지 않다. 그러나 우리가 윤리적 규범에서 더 많이 벗어나거나 윤리적이지 않은 행동을 하고도 윤리적이라 믿어버린다면 그 사실이 드러났을 때 더욱 큰 파장이 일어난다.

이것은 특히 기술을 이용하는 사업에서 비용을 들여가며 신경을 쓰는 부분이다. 엘리자베스 홈즈의 테라노스는 약속한 대로 작동할 것이라며 투자자들을 기만하는 음모를 바탕으로 만들어졌고 결국 그 모든 것이 거짓으로 드러났다. 동시에 다른 많은 기업들이 비윤리적으로 보이는 모습 때문에 투자자와 직원, 소비자들로부터 신뢰를 잃기 시작했다. 특히 다른 사람이 애써 만들려는 미래를 훼손할 위협이 있는 경우 더욱 그렇다.

물론 윤리적 프레임워크는 어떻게 만들어지고 사용되는지 많은 사람들이 동의할 때에만 효과가 있다. 윤리적 프레임워크가 비인간적인 요소를 포함하거나 무의미한 규칙과 규정이 되는 곳에서는 궁극적으로 인류에게 이익이 되는 미래를 건설하는 힘이 부족할 수밖에 없다.

우리가 공유된 미래를 성공적으로 건설하기 위해서는 우리의 행동을 결정하는 윤리적 프레임워크와 프로세스를 집단적으로 받아들여야 한다. 사회적으로 옳고 그르다고 간주되는 것에 대한 윤리는 선과 악에 대한 우리의 개인적인 생각과 명확히 연결해야 한다. 그 이상으로 우리는 미래를 건설할 때 우리 자신뿐만 아니라 다른 사람에게도 무엇이 긍정적으로 작용할지 깊게 고민해야 한다. 그리고 이것은 강력한 공감능력을 개발하고 행사하는 것을 의미한다.

57

공감

애리조나의 지리 교사인 스콧 워렌Scott Warren은 국경을 넘는 이민자들에게 인도주의적 지원을 제공하고자 2018년 여름 소노란Sonoran 사막의 더위 속으로 떠났다. 소노란은 국경 지역으로 멕시코를 비롯한 중미 지역의 많은 개인과 가족들이 더 나은 미래를 건설하기 위해 지나가는 곳이다. 아무리 희망찬 미래로의 여정이라지만 낮 기온이 섭씨 50도에 달하고 물이 거의 존재하지 않는 상황에 이 지역에는 온갖 위험이 도사리고 있다. 매년 수십 명의 사람들이 국경을 건너다 사망한다.

이러한 이민자들의 역경에 감동한 워렌을 비롯한 사람들은 그들의 불필요한 고통과 죽음을 막기 위해 활동을 시작했다. 그들은 고통을 더는 방법을 찾기 위해 깊은 인간애를 가지고 움직였다. 그러나 불행하게도 그들이 하는 일은 불법이었다. 워렌은 두 명의 이민자에게 '음식과 물, 깨끗한 옷과 침구'를 제공했다는 혐의로 국경수비대 요원에게 체포되었다. 다행히 여러 번의 재판 끝에 워렌은 무죄 판결을 받았지만, 그 행동으로 인해 최대 20년 동안 징역을 살게 될지도 모르는 일이었다.

다른 사람을 위해 자신의 미래를 위험에 빠트리는 워렌과 같은 사람이 그렇게 드물지는 않다. 우리는 미래를 상상하고 그 길을 계획하는 능력과 함께 다른 사람들의 입장에 서서 그 사람들의 미래를 건설하도록 돕는 놀라운 능력도 가지고 있다.

다른 사람들과 공감하고, 그들의 입장이 어떤지 본능적으로 느끼고, 그들을 돕도록 영감을 주는 이 능력은 우리의 정신에 깊숙이 뿌리박혀 있다. 그리고 타인의 관점에서 과거, 현재, 미래의 경로를 보고 느끼는 이 능력은 완벽히 사회적인 능력이다.

함께 미래를 건설할 수밖에 없는 상황에서 공감 능력은 공동의 목표를 향해 일할 수 있는 원동력을 제공한다. 윤리는 우리에게 함께 살아가고 일하게 하는 사회적 규칙을 제공하지만, 그 동기를 제공하는 것은 공감이다.

공감은 사람들이 더 큰 대의를 위해 힘을 합칠 수 있게 해주기 때문에 집단 생존이라는 뿌리 깊은 본능을 형성한다. 공감은 우리가 다른 사람의 눈을 통해 미래를 보고, 그 미래를 향한 여정을 생각할 때 다른 사람들의 고통과 기쁨 또한 함께 나눌 수 있게 해주기 때문에 그 사람들이 가는 길을 도우면서 만족감을 얻는다. 그리고 우리가 다른 사람들과 공감하면서 공유하는 미래를 함께 창조했다는 의미를 찾게 해준다.

그러나 최대한 많은 사람들이 의미와 기쁨을 찾는 미래를 건설하기 위해서는 공감, 윤리, 도덕성만으로는 부족하다. 사람들이 사회에 무엇을 기대하는지 더 구체적으로 알아야 한다. 그리고 이것은 우리 앞에 놓인 일에 대해 개인적이거나 사회적인 책임을 파악하는 것을 의미한다.

58

책임

2018년 11월, 중국인 과학자 허젠쿠이He Jiankui가 발표한 쌍둥이의 탄생이 큰 주목과 동시에 전 세계 연구원들의 분노를 불러일으켰다. 그 이유는 허젠쿠이가 쌍둥이의 수정 시점에 의도적으로 DNA를 편집했다고 주장했기 때문이다.

허젠쿠이의 작업은 윤리적, 사회적 규범과 관행을 깨뜨렸다는 이유로 무책임하다는 비난을 받아야 했다. 하지만 과학과 기술의 새로운 발전에 점점 중요해지는 질문을 제기했다. 미래를 바꾸는 힘이 있을 때, '책임감'이 있다는 것은 무슨 의미인가?

허젠쿠이가 사용한 유전자 편집은 HIV(에이즈 바이러스)에 강화된 면역력을 쌍둥이에게 제공하여 출생하기 전 인간 게놈을 재설계하는 능력을 입증했다. 허젠쿠이는 국제 과학계의 승인을 받지 않고, 자신의 행동으로 인한 결과를 완전히 이해하지 못한 채 이 일을 진행했다. 그리고 동시에 인간 게놈 편집에 대한 깊은 윤리적 우려에도 불구하고 자신이 걸어온 길을 따라오는 다른 사람들에게 문을 열어주었다.

유전자 편집은 과학자와 기술자가 미래를 근본적으로 바꿀 수 있는 능력을 실험하는 많은 분야 중 하나일 뿐이다. 인공지능, 신경과학, 로봇공학 및 다른 많은 분야에서도 유사한 발전이 이루어지고 있다. 이러한 최첨단 과학기술 분야에서 일하는 사람들이 진정한 의미에서 미래를 만드는 사람들이다. 그들은 수십억 명의 미래를 돌이킬 수 없을 정도로 바꾸어놓는 도구를 개발한다. 그리고 그 과정에서 어떤 미래로 가는 길은 열고, 어떤 미래로 가는 길은 닫는다.

많은 사람들에게 이것은 미래의 가능성으로 달려가는 짜릿한 롤러코스터와 같다. 그러나 이 권한을 책임감 없이 사용한다면 기술적으로 진보된 미래를 건설하려는 우리의 맹목적인 야망이 사회와 환경을 엉망진창으로 만들 수도 있다.

이 때문에 책임감 있게 혁신한다는 것이 무엇을 의미하는지, 그리고 어떻게 하면 우리 모두가 잘 살고 꿈을 이루는 미래를 건설할 수 있는지 전 세계적 관심이 커지고 있다. 여기서 우리 공동체가 가지는 책임은 기술혁신이 가진 능력을 훨씬 능가한다. 과학과 기술, 사회 운동, 변화하는 규범과 기대, 혹은 여러 수단으로 과거와 미래 사이 경로를 변경하면서, 우리는 우리가 하는 행동의 잠재적 결과에 개인적 및 집단적 책임을 져야 한다. 미래에 나타나는 결과가 다른 사람을 희생시키면서 누군가에게 이득이 될 가능성이 있거나 모두의 마음에 들지 않을 경우에는 특히 그렇다.

지난 200년 동안 혁신이 사회와 환경에 미친 영향을 되돌아보면 우리가 공유하는 미래에 대해 공동체가 가져야 할 책임은 매우 중요하다. 돌이켜보면 우리는 미래를 건설하는 능력에 푹 빠져 의도하지 않은 결과라는 공에서 눈을 뗀 타자가 되어버렸다. 그 결과 전반적인 삶의 질은 전 세계적으로 향상되었지만 이를 미래까지 보장할 수 있는 우리 능력은 불안정해 보인다. 사회적, 정치적 경향과 움직임은 활기찬 글로벌 미래를 함께 건설하려는 우리 능력을 방해하고 있다. 잠재적인 위험을 완전히 이해하지 못한 채 점점 더 강력한 기술이 사용된다. 그리고 우리가 지구라는 경계선을 넘어 확장하면서, 단기적 이익을 위해 장기적 미래를 희생할 위험이 점점 더 커지고 있다.

우리가 함께 만들어가는 미래, 즉 우리가 마음의 눈에 담고 있는 그 대상은 현재보다 훨씬 더 나을 수 있다는 데는 의심의 여지가 없다. 그것을 현실로 만들기 위해서는 창의성과 공감 능력을 최대한 활용하여 책임감 있게 미래를 건설하는 방법을 학습해야 한다. 그리고 미래를 창조하는 사람으로서 우리는 그 이상으로 건설한 것을 관리하고 돌보는 방법을 배워야 다음 세대가 그 혜택을 고스란히 받을 수 있다.

59

돌봄

나는 회의에 참석해서 눈물을 흘린 적이 거의 없다. 물론 비행기 안에서 눈물을 흘리며 영화를 보는 것은 완전히 다른 문제다. 존 그린의 소설을 원작으로 한 〈안녕, 헤이즐〉을 보고 비행기에 거의 홍수를 낼 뻔한 기억이 있다. 하지만 회의에서? 내가 왜? 그런데 2011년 다보스Davos 세계경제포럼의 연간회의 마지막날 아침 패널 토론에 참석했을 때, 그 일이 일어나버렸다.

다보스 포럼의 설립자인 클라우스 슈바프Klaus Schwab가 회의 의 장을 맡았고 당시 프랑스 경제, 재무, 산업 장관이었던 크리스틴 라가르드Christine Lagarde와 훌륭한 젊은 인재 세 명, 닉 부이치치Nick Vujicic, 라켈 헬렌 실바Raquel Helen Silva, 다니엘 조슈아 컬럼Daniel Joshua

Cullum이 토론에 참석했다. 회의 주제는 영감이었다. 하지만 그것이 나에게 마음 깊이 남긴 것은 미래를 돌본다는 것이 진정으로 무엇을 의미하는지에 대한 깊은 감동이었다.

패널들은 자신의 경험과 관점을 이야기하면서 우리 각자가 미래에는 다른 사람들에게 영감을 주고 삶에 가치를 더할 책임이 있다고 했다. 여기서 내가 감동받은 것은 이것이 단순히 진부한 이야기가 아니었다는 것이다. 패널들은 어떤 식으로든 삶에 어려움을 겪었고, 그로 인해 다른 사람들에게 무엇이 필요한지 눈치채는 감각을 가지고 있었다. 그리고 젊은 패널 세 명의 이타적인 태도가 슈바프와 르가르드를 포함한 청중에게 얼마나 깊은 영향을 미쳤는지 고백하지 않을 수 없다.

나는 미래에 대해 우리가 집단적으로 가져야 하는 책임을 생각할 때 여전히 그 사람들을 떠올린다. 우리 중 누구도 미래에 남을 돌보는 사람이 될 필요는 없다. 우리 행동에는 항상 결과가 따르지만, 우리가 이기적이어서는 안 된다는 법도 없다. 그렇지만 우주의 무작위적인 기이함 때문이든, 불가피한 신의 개입 때문이든, 우리는 미래를 상상하고 설계할 수 있을 뿐만 아니라 다른 사람을 소중히 여기고, 돌보고, 축하하는 데서 기쁨을 찾는 미래를 선물 받았다. 그리고 우리 주변의 다른 사람들, 심지어 다음 세대에

223

까지 이런 미래를 줄 수 있는 심오한 능력을 가졌다. 결과적으로 우리가 바로 미래를 돌보는 사람으로 설계된 것이다.

그러나 여전히 불분명한 것은 우리가 미래를 훌륭하게 돌보기 위한 조건을 갖추었는지 여부이다.

증거는 불충분하다. 먼 미래를 내다보고, 돌보고, 양육하는 우리 능력은 이기심과 단기적 이익으로 너무 쉽게 묻혀버린다. 그리고 미래를 바꾸는 우리 능력이 더욱 강력해지면서 우리가 할 수 있는 것과 해야 하는 것 사이 격차가 걱정스러울 정도로 커지고 있다. 이 격차는 이미 광범위한 오염과 지구온난화로 이어졌고, 진보라는 이름으로 전 세계적으로 사회악을 생산해내고 있다. 이것은 미래 삶의 질에 투자하려는 우리의 노력을 무시하는 것처럼 보이게 하는 격차이다.

그러나 2011년 눈 덮인 알파인Alpine 마을에서 만났던 세 청년을 떠올리면 나는 희망으로 가득 찬다. 다음 세대가 앞으로 다른 길을 상상할 수 있다면, 그리고 글로벌 운동가들이 그렇게 하도록 영감을 준다면, 분명 우리 모두가 함께 미래를 훌륭하게 돌보는 방법을 배울 기회가 있을 것이며, 현재보다 더 나은 미래를 만드는 방법을 배우게 될 것이다.

60

퓨처 라이징

1968년 12월 24일 윌리엄 앤더스의 〈지구돋이Earthrise〉는 동시대의 사람들이 미래를 다르게 생각하도록 자극했다. 우리가 살고 있는 이 지구가 얼마나 소중하고 연약한지, 그리고 미래와 미래를 물려받을 사람들에게 우리가 얼마나 막중한 책임을 지고 있는지 깨닫게 했다. 그러나 반세기가 지난 지금 우리는 행동에 따른 결과를 받아들이기 위해 고군분투하면서 그 어느 때보다 많은 과제에 직면해 있다. 동시에 우리는 더 나은 미래를 상상할 뿐 아니라 미래를 만들기 위해 함께 나아갈 수 있는 능력이 그 어느 때보다 커졌다.

점점 커지는 긴장과 씨름하면서 이 세대에 〈지구돋이〉와 같은 역할을 하는 것은 무엇일까? 편협함과 이기심에서 벗어나 더 나은 미래를 위해 함께 노력하는 우리에게 어떤 비전이 영감을 줄까? 어떤 상상의 '대상'이 우리가 피할 수 없다고 생각하는 것에 굴복하지 않고 가능성이라는 길을 보여줄까?

핵전쟁이나 파괴적인 전염병, 사회질서 붕괴와 같이 우리가 행동을 취하지 않을 수 없게 동기를 부여하는 재난일 수도 있다. 아니면 진정한 인공지능의 출현이나 유전적 유산을 완벽하게 이해하는 것과 같이 기술의 판도를 바꾸는 돌파구일 수도 있다. 우주 탐사와 관련되어 경외심을 불러일으키는 것일 수도 있고, 화성과 그 너머로의 임무를 수행하는 강력한 우주선일 수도 있다.

아마도 우리는 영감을 받기 위해 여러 가지의 〈지구돋이〉가 필요한 미래를 보고 있는지도 모르겠다. 아니면 달의 지평선 위로 떠오르는 지구의 모습에 영감을 받아 우리 앞에 놓인 위험과 가능성을 다시 생각해볼 필요가 있을지도 모른다.

우주로 나아가는 기술이 발전하면서 인간을 달로 보내 달에 영구적인 기지를 건설할 계획이 있다. 그렇게 하면서 우리는 하늘의 이웃 마을에서 지구를 돌아보고 우리가 살고 있는 복잡하면서도 아름다운 파란색 옅은 점에 다시 한번 감탄할 기회가 생길 것이다. 그리고 우리가 어디에서 왔는지 돌아보면서 이 소중한 지구가 지금으로부터 50년 후에는 어떤 모습일지, 그리고 그것을 달성하기 위해 어떻게 함께 나아갈 수 있을지 상상하는 데 영감을 얻지 않을까?

미래의 달 정거장과 아마도 언젠가 붉은 행성 화성에서 우리는 다시 한번 지평선 위에 떠 있는 잠재력으로 가득한 푸른 개체를 볼 것이다. 그때 이 '퓨처 라이징(미래돋이)'를 생각하면서 다음 세대와 그들이 물려받을 미래에 대한 우리의 약속을 다시 한번 상기시키자.

맺음말

우리는 최선을 다해 노력하지만, 그럼에도 미래는 항상 손이 닿지 않는 곳에서 형체가 없는 상태로 남는다. 그러나 미래가 무엇인지, 그리고 우리가 미래를 어떻게 생각하는지를 파헤치는 이 여정에서 나는 놀라기도, 기쁘기도, 겸허해지기도 했다. 우주가 작동하는 방식과 우리가 미래에 대해 느끼는 것 사이 얼마나 깊은 관계가 있는지 깨달으면서 뜻밖의 재미있는 순간이 있었다. 그리고 미래를 형성하고 변화시키는 우리 능력이 성장하면서 이를 책임감 있게 수행하는 방법을 고민하는 데는 끝이 없다는 점은 걱정으로 남았다.

희망도 있었다. 우리가 상상하고, 열망하고, 설계를 시작할 수 있다는 관점에서 보면 미래는 우리가 얼마나 정교하고 놀라운 존재인지 드러낸다. 시간의 화살이라는 제약에서 벗어나 오늘과 다른 내일을 만들어낼 수 있다는 사실은 매우 놀라운 일이다. 여기에 정의와 책임감, 다른 사람과 공감하는 능력, 우리가 알고 있는 것과 상상하는 것 사이 경로를 그리는 능력이 더해지면서 우리가 현재의 한계를 훨씬 넘어서서 미래를 건설할 도구를 가지고 있다는 것이 분명해진다.

중요한 것은 우리가 앞으로 이 길을 받아들일 의지가 있는지 여부이다.

지능이 있고 비전이 있는 인간을 탄생시키는 조건을 만들기 위해 우주는 노력했음에도 불구하고, 아이러니하게 우주는 더 이상 우리를 필요로 하지 않는다. 우리는 내일 당장 사라질지도 모르지만, 그럼에도 미래는 존재한다. 단지 인간이 없는 미래일 뿐이다. 우주는 우리가 주어진 재능을 낭비해도 아무 상관하지 않는다. 넓은 범위에서 보면 우리는 그저 잠시 왔다 가는 사소한 행운일 뿐이다. 하지만 우리는 신경 쓰지 않을 수 없다. 우리는 미래를 건축하는 건축가가 될 수 있는 기회를 선물 받았다. 이 때문에 우리 자신과 미래 세대가 상상할 수 있는 가장 좋은 미래를 건설할 책임감을 스스로 가져야 한다.

우리가 이 도전을 함께할 것인지는 두고 봐야 한다. 하지만 우리는 미래를 함께 구축할 잠재력을 가지고 있기 때문에, 나는 우리가 반드시 함께하기를 온 마음 다해 바란다.

감사의 글

모든 책은 세상에 나오게 된 계기가 있다. 이 책은 나의 좋은 친구이자 동료인 스티븐 베슐로스Steven Beschloss가 매일 미래에 관한 글을 하나씩 써서 책을 내면 어떻겠냐고 물어보면서 시작되었다. 처음 그 이야기를 듣고는 웃어넘겼다. 불가능한 일이라고 생각했기 때문이다. 하지만 나는 곧 그 아이디어에 사로잡혔다. 곰곰이 생각해보니, 이 일을 가능하게 만들 방법이 보이기 시작했다.

그 결과로 과거와 미래 사이 시간 흐름을 반영하는 총 60편의 글이 탄생했다. 미래를 하나의 대상으로 생각하자는 초기 의도는 거의 사라졌지만 자세히 보면 흔적을 찾을 수 있을지도 모른다. 그러나 미래, 그리고 미래와 우리 사이 관계를 훨씬 더 광범위하면서도 개인적인 묘사로 만들 수 있게 해준 발판이 되었다.

그 과정에서 나는 훌륭한 동료들로부터 조언을 받았고, 이 자리를 빌려 깊은 감사를 드린다. 항상 행복한 사랑만 존재하지는 않듯이, 책을 읽는 사람 중 한두 명은 '앤드류가 이 책을 썼다니!'라고 외칠지도 모르겠다. 그러나 내가 듣는 조언은 항상 도움이 되었고, 궁극적으로 우리 여정을 훨씬 더 흥미롭고 설득력 있게 만들었다. 특히 도움과 지원을 아끼지 않은 제이슨 브라운Jason Brown, 윌리엄 다바스William Dabars, 조슈아 로우만Joshua Loughman, 니콜 메이베리Nicole Mayberry, 베카 몬텔레온Becca Monteleone, JP 넬슨JP Nelson, 랜디 네스Randy Nesse, 마틴 페레스 코시모Martin Peres Comisso, 알리시아 드 메사Alycia de Mesa, 마테오 피멘텔Mateo Pimentel, 마리사 스크래그Marissa Scragg, 나탈리 세버리Natalie Severy, 바비 시클러Bobby Sickler, 니키 스티븐스Nikki Stevens, 스티븐 위너Steven Weiner, 제이미 윈터튼Jamey Winterton, 그리고 다니아 라이트Dania Wright에게 깊은 감사를 전한다.

또한 망고퍼블리싱Mango Publishing 사람들, 특히 이 책을 존재하게 해준 훌륭한 편집자인 휴고 빌라보나Hugo Villabona를 언급하고 싶다.

그리고 물론, 특히 저녁 늦은 시간 수차례나 '이거 말이 되는지 한번 읽어볼래?'라는 질문에 시달린 나의 멋진 아내 클레어Clare의 사랑과 지원, 통찰력, 편집 실력이 없었다면 이 책은 세상 빛을 보지 못했을 것이다. 고마워 여보!

미래를 어떻게 읽을 것인가

1판 1쇄 찍음   2022년 6월 8일
1판 1쇄 펴냄   2022년 6월 15일

지은이   앤드류 메이나드
옮긴이   권보라
펴낸이   조윤규
편집   민기범
디자인   홍민지

펴낸곳   (주)프롬북스
등록   제313-2007-000021호
주소   (07788) 서울특별시 강서구 마곡중앙로 161-17 보타닉파크타워1 612호
전화   영업부 02-3661-7283 / 기획편집부 02-3661-7284 | 팩스 02-3661-7285
이메일   frombooks7@naver.com

ISBN   979-11-88167-63-0 (03900)